WU CHANG

武昌历史文化丛书编委会／编

武昌历史文化丛书

Shahu Zhi Yuanlin Chunse

沙湖志 园林春色

任桐 辑著

彭忠德 点校

武汉出版社

Wuhan Publishing House

（鄂）新登字 08 号
图书在版编目（CIP）数据

沙湖志·园林春色 / 任桐辑著；彭忠德点校 .—武汉：武汉出版社，2022.3
（武昌历史文化丛书）
ISBN 978-7-5582-5119-1

Ⅰ.①沙… Ⅱ.①任…②彭… Ⅲ.①武汉－地方志 Ⅳ.①K296.31

中国版本图书馆 CIP 数据核字（2022）第 038697 号

沙湖志 园林春色

辑　　著：任　桐
点　　校：彭忠德
出 品 人：朱向梅
策划编辑：胡　新
责任编辑：胡　新
封面设计：马　波
出　　版：武汉出版社
社　　址：武汉市江岸区兴业路 136 号　　邮　　编：430014
电　　话：（027）85606403　　85600625
http://www.whcbs.com　　E-mail: whcbszbs@163.com
印　　刷：湖北新华印务有限公司　　经　　销：新华书店
开　　本：787 mm×1092 mm　1/16
印　　张：14　　字　　数：200 千字
版　　次：2022 年 3 月第 1 版　　2022 年 3 月第 1 次印刷
定　　价：48.00 元

/序　一/ Preface

“求木之长者，必固其根本；欲流之远者，必浚其源泉。”一个城市的生命和灵魂，来自深厚的历史底蕴与坚实的文化内核；一个城市的品位和底气，离不开强大的文化自信与不竭的创新动力。挖掘历史资源、激活文化基因，事关精神命脉的传承，事关城市的永续发展。

有着近一千八百年建城史的武昌，历史悠久，文脉绵长。在这里，一座古城，风韵悠然，阔步前行，穿越千年沧桑；一处名楼，文人墨客，咸集诗赋，各领绝代风骚；一件大事，辛亥首义，敢为人先，改变中国历史；无数英豪，指点江山，前仆后继，浴血谱写辉煌。因为有了历史和文化的充分滋养，武昌始终生机勃勃、活力无限，为荆楚文化在中华文明总谱系中留下独特的基因和符号提供了丰富的给养。这片有着绚烂历史和强烈魅力的土地，一直等待着我们去发现、去感受、去领略、去彰显。

正因如此，我们有优势、有情怀，更有责任、有义务弘扬武昌的优秀历史文化，把武昌故事讲好，把武昌自信提升好，把武昌力量凝聚好。与其他展示武昌历史文化的论著不同，这套丛书全面系统梳理了多年散落在民间、口口相传的武昌老故事，通过精心的考证，深入挖掘其中蕴含的思想观念、人文精神和道德规范，并适应时代发展进行继承和创新，凸显出武昌发展的个性和魅力——从这个层面上讲，这套丛书的意义已经远远超出了文史资料的价值，它是武昌文脉的复现，为活化武昌文化遗产、树立武昌城市精神、提振市民精气神将作出独有的贡献。

丛书立足武昌历史根脉，突出武昌文化核心元素，在时间上自公元223年孙权建筑夏口城起至20世纪60年代，在空间上以武昌区现在的行政区划为主，分为“综合”“武昌人物”“武昌风物”“武昌景物”“武昌文物”和插画版“武昌指南”六个系列，将为武昌发展作出重大贡献的历史人物、影响历史进程的重大事件与武昌地域特色文化相结合，用群众喜闻乐见的语言讲历史故事、叙文化传统、说武昌古今。本书内容上具备理论高度、学术价值和思想深度，形式上明白晓畅，通俗易懂，能够激起读者情感共鸣，兼具历史性、时代性、知识性、可读性与权威性，可谓宣传推介武昌的集大成之作。

今天，武昌的经济体量已进入“千亿级”时代，站在新的起点，文化软实力正是提升我们综合竞争力和可持续发展能力的关键因素。习近平总书记说，“文化自信是一个国家、一个民族发展中更基本、更深沉、更持久的力量”，在建设创新型城区和国家中心城市核心区的征程上，我们更要“以古人之规矩，开自己之生面”，更要坚守中华文化立场，传承中华文化基因，展现中华审美风范。愿我们携起手来，共同努力，让传统文化与现实文化相融相通，让个体情感与集体情感同频共振，为新时代武昌的改革创新发展注入每一个人的家国情怀！

为策划、编纂和出版这套丛书，一大批专家学者以及许多市区老领导、政协委员都倾注了深厚的感情，为丛书的诞生奠定了坚实的基础，在此，由衷感谢他们为发展、延续武昌历史文化付出的巨大心血！

刘　洁

2018年12月

序　二
Preface

勤耕不倦，玉汝于成。历时三年，经过承编单位和各位专家学者、全体编辑人员坚持不懈的努力，《武昌历史文化丛书》6个系列38册图书全部编撰完成。此前，已有不少关于武昌历史文化方面的书籍出版，但大多只涉及某一角度或某一方面，唯有此套丛书全方位介绍了底蕴深厚、丰富多彩的武昌历史文化，多角度展示了武昌各时期的发展面貌，堪称集大成之作。

源远者流长，根深者枝茂。武昌城始建于公元223年，从魏晋至明清，都是历代县、郡、州、府乃至行省治所所在地，自古以来即为武汉地区的政治、经济、文化中心。受博大精深的荆楚文化滋养，武昌集书卷气与烟火味于一体，既是楚辞浪漫、黄鹤飘逸的千年历史文化名城，也是推翻帝制、创建共和的辛亥首义之地；既是绿水青山、生态宜居的滨江滨湖之城，也是经济领先、科教集聚的现代化城区，在中国历史上占有极为重要的地位。经历了惊心动魄的抗疫大战，武昌更加彰显出舍生忘死、勇往直前的英雄气概，焕发出浴火重生、淬炼成钢的蓬勃生机，展现了荆楚文化筚路蓝缕、开拓进取、自强不息的精神内涵。

《武昌历史文化丛书》本着高度的历史使命感，发扬严谨求实的优良传统，坚持政治性、思想性、艺术性相统一，从多个角度以不同专题讲述武昌历史的发展脉络，供读者鉴古知今、察往思来，从中获取智慧和力量。特别是最新编辑出版的《早期共产党人在武昌》等书，系统展示了这片革命热土上星罗棋布的红色文化资源，讲述了中国共产党在武昌艰辛而辉煌的峥嵘岁月，字里行间给人以强烈的思想启迪、精神激荡。每一个历史事件、每一位革命英雄、每一件革命文物，都展现了中国共产党的追求和梦想、情怀和担当、牺牲和奉献，生动诠释了武昌传承的红色基因、流淌的红色血液，无声地培育了我们共同的情感价值和理想追求，成为武昌文化软实力的重要组成部分，更是激励每个武昌人奋力拼搏新征程的强大力量源泉。

“风樯动，龟蛇静，起宏图。”当前正值“十四五”开局之年，“一带一路”倡议及长江经济带发展、中部地区崛起等多项国家战略纷纷聚焦湖北武汉，武昌正朝着建设更具认知度、识别度和美誉度的社会主义现代化城区加速奋进。从这一角度讲，《武昌历史文化丛书》的编辑出版正当其时，不仅传承和弘扬了地方优秀文化，守住了我们的城市根脉、个性与活力，而且能够强劲赋能提升城区品质和文化影响力，对推动武昌高质量发展具有重要且不可替代的作用。

不忘本来，方能开辟未来。武昌，有太多的故事值得述说，有太多的人物值得追忆，有太多的梦想需要延续。相信读者们翻开这套丛书，领略这片一百多平方公里土地的一山一水，品读这里历经了近1800年岁月的一街一巷，一定会深刻感受到其背后蕴含的人文情怀、价值追求和气质风范。最后，衷心感谢为丛书出版力笔勤耕、殚精竭虑的全体作者、专家委员会成员和武汉出版社的同志们！

余　松

2021年10月

/序　三/ Preface

酝酿已久的《武昌历史文化丛书》终于要正式出版了，作为一个历史工作者和这套丛书的专家委员会主任，我感到由衷的高兴，十分乐意借写序的机会，同大家分享一下我的几点感想。

第一，为什么要出版《武昌历史文化丛书》？

武汉三镇之中，当属武昌的历史最为悠久，早在春秋战国时期，楚国就在这一地区设有封君夏侯。三国时期，孙权将东吴政治中心迁鄂（今鄂州市），寓“以武而昌”之意，改鄂名为“武昌”，这是武昌之名的由来。公元223年，孙权在江夏山（蛇山）筑夏口城，从而开启了武昌古城的历史，至今已近一千八百年。从元代设湖广行省起至清末，武昌一直是省级大区域行政中心。北伐战争后，改武昌县为武昌市。1927年，武汉三镇在行政区划上正式统一为一市。1949年武昌解放后，成为中共湖北省委、省人民政府所在地，在1952年调整区划后，正式成立武昌区人民政府。

千百年来，武昌因其独特的地理区位，始终处于社会变革的最前沿，承载着中华民族波澜壮阔的历史变迁，书写着气势磅礴的历史画卷。武昌人文底蕴深厚。屈子行吟，崔颢题诗，李白唱和……近代以来，张之洞督鄂，兴实业，办教育，练新军，新旧学堂并起，东西文化交融，风气大开，武昌由此奠定了全省文化中心的地位，诚如张之洞题黄鹤楼楹联中云：“昔贤整顿乾坤，缔造先从江汉起；今日交通文轨，登临不觉亚欧遥。”武昌自然风光秀丽。东湖、沙湖、紫阳湖等，妩媚多娇；洪山、蛇山、珞珈山等，玲珑别致；黄鹤楼、宝通寺、长春观等，景色优美。山灵水秀，人文荟萃，让武昌成为最适宜居住的城区。

武昌历史悠久、文化厚重、科教区位优势明显，是武汉的城市文化名片，而《武昌历史文化丛书》正是一套向世人充分展示武昌这座历史文化名城的独特魅力和风采的作品。

第二，如何编好《武昌历史文化丛书》？

武昌是武汉文脉沉淀之地，积累了丰厚的文化资源，如黄鹤楼文化、辛亥首义文化、名人文化等，此前也有若干零星介绍武昌历史文化的图书，而这套丛书则是第一次全面系统梳理千年古城的历史文化、系统挖掘武昌历史文化资源的重要工程。

本丛书在整体设计上分为六个系列，形式新颖，内容全面，体系完整，时间上从公元 223 年至 1960 年代；空间上以现有武昌区行政区划为主，必要时以历史上的大武昌概念为界定，将为武昌发展作出重大贡献的历史人物、影响历史进程的重大事件与武昌地域特色文化相结合，激活武昌文化基因，展现真实、立体、全面的武昌，集中呈现武昌深厚的文化底蕴。

在作者的选择上，着重选择了对武昌历史文化素有研究的专家学者；在内容上，利用新史料，体现研究新成果，集历史性、权威性、知识性、可读性于一体；在形式上，采取图文并茂的形式。

第三，编撰《武昌历史文化丛书》的意义何在？

习近平总书记在党的十九大报告中指出："文化兴国运兴，文化强民族强。没有高度的文化自信，没有文化的繁荣兴盛，就没有中华民族伟大复兴。"只有对自身文化有高度的自信，才可能带来武昌的繁荣兴盛。在新时代下，启动这套丛书的编撰，既体现了武昌区委、区政府的远见，也可谓正逢其时。

该丛书既是在新时代第一次全面、系统挖掘武昌历史文化资源的重要文化工程，也是响应市委、市政府建设"历史之城、当代之城、未来之城"号召的实践成果，更是加快建设现代化、国际化、生态化大武汉，全面复兴大武汉的具体举措，功在当代，利在千秋。

本丛书立足武昌，深入挖掘其中所蕴含的思想观念、人文精神、道德规范，并结合时代要求继承创新，突出展示武昌最具特色的核心文化元素，集中挖掘城区的文化根脉，讲好武昌故事，传承历史文化记忆，对于传承武昌区优秀的历史文化、提升居民文化自信、推进城区文化建设具有重大的现实意义，必然成为武汉市打造国家中心城市和世界亮点城市规划中绚丽的一环。

关于学习历史的意义，习近平总书记在中央党校建校 80 周年庆祝大会暨 2013 年春季学期开学典礼上讲道："学史可以看成败、鉴得失、知兴替。"从武昌悠久、丰厚的历史文脉当中，我们也一定可以看清她的成败、得失、兴替，从而以更加清醒的头脑和更为厚重的历史感，借改革开放四十年的东风，更好地了解武昌、建设武昌、发展武昌。

是为序。

马　敏

2018年12月于武昌桂子山

前　言

《沙湖志》是任桐写作的一部山水小志，所记内容除湖景、山景外，重点在发掘沙湖风景区内名胜古迹之人文内涵。《园林春色》则是《沙湖志》的姊妹篇，重点在任桐自建琴园四季景色及沙湖、梁湖各景点名胜楹联。

任桐（1869—1932 年），清末民初浙江永嘉人。任氏初名“洞”，后以近音字“桐”为名，遂以“琴父”表字，“琴”表“桐”之义，“父”则系男子之美称。因晚年于武昌沙湖筑琴园颐养天年，任桐又以“沙湖居士”为号。

任桐自称“幼时钓游，每与山水为缘。尝思举宇内丘壑之幽雅者，罗列左右，昕夕晤对以为乐”，后遂乘便“游览海内名胜，足迹所至，必留心讲求，如袁子才随园、俞荫甫曲园、姑苏留园、都门之万牲园以及中外各公园”，[①]认为它们虽然各擅胜场，但亦皆有未尽如人意处，非所乐观。此当为任桐乐山乐水之因。

任桐曾因友人提携机缘出仕为官，于光绪二十七年（1901 年）被“奏保知县”，“宦鄂十余载”，后因辛亥革命推翻清朝帝制，且曾畅游沙湖山水，深知沙湖美景，遂“移居武昌沙湖，不闻时事”，“购地百亩，筑琴园”，“徜徉乎林泉，优游乎岁月”。在与友人多次深游沙湖山水之后，任桐不禁将沙湖与自己游历过的名山大湖一一比较：风景

① 引自《园林春色·琴园自述》。以下引文凡出自任桐《沙湖志》《园林春色》二书者，不再出注。

当以山水俱嘉为优，然而“天下山水有得于此者，或遗于彼，山则如庐阜、衡岳，水则如洞庭、太湖，虽各擅奇伟峭丽之观、汪洋恣肆之势，然皆有其一偏，不能如西湖、雁荡得而兼也”，他认为“梁湖面积百余里，规模之大，风景之佳，实湖山中之五岳，即与全世界较，亦觉不遑多让也”，而“梁湖乃沙湖风景之一”，自己心目中的沙湖“湖山风景，加之以梁湖方百里山水兼优，如一幅画图，别饶风味，吾必谓其有胜于西湖、有胜于雁荡，而不可以作寻常观也”。

不仅醉心于游览，“时或共二三朋友题诗饮酒、笑谈啸傲于其间”，任桐还热心于建设，琴园之外，“建‘湖山第一’于待驾山，又建‘引胜桥’以利交通，就湖中原有之胜略加补葺，计十六处，名之曰十六景。又有所谓‘永嘉别墅’‘望书亭’‘白鸥亭’‘念西居士林’”。胸怀宽广的任桐还深知独乐不如众乐之理，发起并号召有心于沙湖建设之志同道合者组织“沙湖建设会”，他自己更表示将先期所筑“琴园亦归建设会保存，而不私于子孙”，以便作为日后系统构建沙湖风景区的基础。为了促进沙湖景区建设，他还着意宣传工作，倡导征集有关沙湖风景的诗文，以扩大影响，从而让更多的人了解沙湖、热爱沙湖。任桐自己亦深知：与杭州西湖相比，沙湖风景区的人文资源还未得到深入发掘，“沙湖乃忠臣孝子之乡，历朝人物脍炙人口者，今反湮没于荒烟蔓草间，无人过问”，于是决心编纂一部详尽的山水志，以使沙湖山水自然资源得人文资源的表彰而更加亮丽。他“从残碑断碣、家乘手卷、秘藏抄本以及墓陵寺观中，十余年搜索备至，编辑成书，署曰《沙湖志》《沙湖拾遗》”，后又将所撰《沙湖记》《梁湖记》《沙湖十六景》《梁湖八景》游记与楹联结集成《园林春色》一书，以补《沙湖志》之不足。

说到沙湖景区建设及《沙湖志》一书，还必须提及扬铎。

扬铎（1893—1967年），汉口人，字闻泉，解放后被聘为武汉市文史研究馆馆员。

扬铎深赞任桐之举，曾与任桐等人同游沙湖，归后有感，专作《沙湖三唱》以作襄助。其一为《游沙湖记》，以线描方式介绍沙湖风景区美景，并以“西湖如名妓，沙湖如闺秀”之妙喻使沙湖惊艳武汉，所云“将与琴父争此湖山快婿而为神仙眷属”之俏语更传为江城佳话；其二为《沙湖志序》，指出任桐“以可传之笔、抱必传之心”所作之《沙湖志》为记载沙湖之集大成首创之作品；其三为《沙湖征文启》，预言沙湖必将继杭州西湖而兴，呼吁人们与沙湖“结文字姻缘”，以诗文名篇充实沙湖各景点的人文资源，实为参与沙湖风景区建设新形式之首创。《沙湖三唱》曾以单行本行世，在宣传沙湖风景、提升沙湖知名度上发挥了较大作用，后由任桐收入《沙湖志》中。此外，扬铎还曾身体力行参与建设：“沙湖十六景”中之“金冢桃花”之名即为扬铎所拟。在任桐所说“沙湖十六景”之“泉亭松韵”景中，“闻泉亭”即为扬铎所建：“卓刀泉侧山水清音，久为高人所欣赏。扬闻泉补筑一亭，两旁栽松，夏日可避暑，有松涛声、流泉声，风月之下，恍如琴韵。”任桐与灵泉寺白约山人游“梁湖八景”之奇石景点时，曾在一石台上操缦理弦，故命名该景点为“石台理弦”并以此题石，白约山人则题一石为“山水知音”。扬铎与丘镜川闻名后游，扬铎题一石为“龙吟”，丘镜川题一石为“落雁”。任桐后谓“风流韵事，一时盛称”。

周之莲在《沙湖叙》中曾论及任桐、扬铎对沙湖及《沙湖志》的贡献：“余尝谓我国幅帧之广，必尚有佳山水因未得名流称赏而隐藏不著者。今读任琴父《沙湖志》及杨闻泉《沙湖三唱》，而窃幸余言之有中也。……斯湖之得遇二子，吾因之有感矣。”“二子谓景物之美不减西湖，而天然韵致有过之无不及，喻西湖为名妓，斯湖为闺秀……二子之于斯湖，殆如陶之菊、周之莲欤？”以任、扬二人为沙湖功臣，诚非过誉之辞。

据任桐《沙湖志》《园林春色》、扬铎《沙湖三唱》等书、文字和《沙湖志》书末所附任桐手绘《沙湖名胜全图》可知：《沙湖志》所称之“沙湖”，实指今日之“东湖”；所称之“小沙湖”，才是今日之“沙湖”，按图索骥，一一吻合。[①]

《沙湖志》中的沙湖虽然就是今日之东湖，但是任桐心目中的沙湖名胜风景区的范围却极大，其书凡例即云：“本志所载湖之面积三十里，专指湖面而言，其周围山水风景之广，达二百余里。”细究任桐绘《沙湖名胜全图》时的视野，可以发现他是在运用中国画散点透视的原理，将整个沙湖水系的范围都纳入沙湖风景区中，自沙湖（东湖）北方的严东湖、严西湖、鼓架山、待驾山、小沙湖，到南方的珞珈山、伏虎山、磨山，再往南的九峰山、江夏梁子湖和灵泉山，皆为风景区，他精心设计的沙湖十六景和梁湖八景则点缀其中。

任桐在《沙湖志·凡例》中曾指出：“本志以提倡风雅、保存古迹为宗旨。”所谓“提倡风雅”即指领略山水清音风景名胜，从而陶冶性情，于是规划建设诸多景点；所谓“保存古迹”即指感受孝子贤臣事迹人物，从而提升境界，于是旁搜博采史乘谱牒。《沙湖志》不着痕迹地将人文资源与自然资源融为一书，说明任桐对旅游性质的认识远远超过了旧式山水志的诸多作者，书中对景点的规划及丰富的历史资料，亦为今天武汉发展旅游事业奠定了良好的基础。“2009年，国家发改委批复《湖北省武汉市‘大东湖’生态水网构建总体方案》：在

---

① 《沙湖志·湖景》云：“沙湖，旧名东湖，又名歌笛湖，方三十里，在武昌商埠东，明楚藩种芦取膜为笛簧处。”

436平方公里的土地上，以江、湖、港、渠组成庞大水网，将东湖、沙湖、杨春湖、严西湖、严东湖、北湖6个主要湖泊连接，通过水体生态保护与修复，改善水生态环境，构建国内独具特色的大东湖生态水网，成为国内规模最大的城中湿地公园”，[①]包含琴园在内的沙湖公园已竣工开放，对照《沙湖志》，不难发现，任桐的设想与实践已先着一鞭。

湖北省为千湖之省，武汉为百湖之市，拜江湖之赐，武汉人素以九省通衢自豪，因此对湖有一种特殊的感情。就湖光山色而言，武汉人一直在心中暗暗地与杭州较劲，如与任桐同时的汉阳人李崇阶就曾将汉阳的月湖与西湖相较：“西湖虽名胜，其实多出于人工所巧构。吾汉阳之月湖，如梅子山、伯牙琴台等，能振而新之，拓而繁之，其附近古迹更疏剔而张之，则月湖亦西湖也。”[②]在任桐心目中，武汉的山水风景，沙湖更具有代表性，亦远胜西湖，唯人文内涵较弱，尚待发掘、培植。《沙湖志》中所载诸多忠臣孝子、奇闻异事当即这一指导思想的产物。经过武汉人的不懈努力，朱德总司令所说的“东湖暂让西湖好，将来定比西湖强”一定可以实现。

作为山水志之书，《沙湖志》还有三个特色。

一是作者设计景点，为诸景所撰文字优雅、意境深远、情景交融的楹联皆可圈可点，扬铎在《沙湖三唱》即曾为此类文字叫好：“以杜甫之‘天地一沙鸥’为全湖写照，洵可谓风流之雅事也！”游人在欣赏如诗如画的湖山美景时，将能用心体会自己的人生，或发思古之幽情，或触景而生乡愁。

---

① 尹汉宁主编：《湖北读本》，湖北人民出版社、九通电子音像出版社，2012年8月第1版。

② 徐焕斗：《琴台纪略·傅序》，武汉方志馆藏排印本。

二是书中的“出产”与“风俗”两节具有浓郁的地方特色。如“出产”中一条云：“武昌鱼。梁子湖所产各种鱼虾甚多，惟樊口扁鱼，其味尤美，俗称‘武昌鱼’者即此。”澄清了扁鱼即是武昌鱼之误。又一条则以一史事证明了洪山菜薹之神奇：“洪山芸菜。芸菜，俗名油菜薹，宝通寺相近最佳。清相国李鸿章带回安徽种之，则味变，嗣将洪山土泥搬回，仍不得法。”[①]再如“风俗”中之正月十五灵泉游寝会、三月二十八日东岳庙天齐会、五月十三日卓刀泉单刀会、八月十五日沙湖游湖节等等，皆如实记载了当时丰富多彩的民俗活动。

三是书末作者手绘之《沙湖名胜全图》既收图文并茂之益，也保留了诸多地形、文物的历史原貌，如陶侃、张叔夜等名人墓地和东岳庙、真武观旧址。俗语称：旅游诀窍，不是看坟，就是看庙。图中所标示名贤坟墓、庙宇如能得到开发，当于武汉旅游事业不无裨益。

任桐有关沙湖的著作，尚不止《沙湖志》《园林春色》二书，黎承礼所撰《园林春色·叙》即云：“君于是撰成《沙湖志》十卷……搜辑昔贤诗文为《沙湖拾遗》四卷，又手绘《湖山揽秀》图册，征题海内外游旧诗文甚多。”此次点校整理，除《沙湖志》《园林春色》外，其余诗文皆惜乎未见，深以为恨。如尚存世，而知者见告，岂非任桐功臣，沙湖益友！

《沙湖志》为手写油印本，《园林春色》为铅字排印本，均非公开出版物，武汉方志馆所藏，均为任桐嫡孙任世铎所赠。[②]此次标点注释之整理，即以武汉方志馆藏本为底本，他校则就所引正史相关资料作

---

① 注见第122页。

② 两书扉页寄赠题词：“今将先祖父所著《沙湖志》原本一册敬赠武汉地方志编纂委员会惠存。任世铎寄自上海。一九九七年六月廿九日。”（《沙湖志》扉页）“建华先生惠存。任世铎敬赠。二〇〇二年七月。寄自上海。”（《园林志》扉页，周建华，武汉方志馆资料处处长）

校，其余则据学识理校。《沙湖志》与《园林春色》若干游记、楹联文字大同小异，仅前者出注，《园林春色》定稿在后，细玩其修改文字，饶有兴味，有心人或又于此雌黄处别有所得，亦未可知。

整理工作，容有讹误，尚祈读者不吝指正。

总 目 录

沙 湖 志

任　桐　辑著

彭忠德 点校

目　录 / Contents

凡　例

一、本志以提倡风雅、保存古迹为宗旨。

一、本志所采名胜古迹、人物，皆考之古人诗文、家谱以及碑碣、手卷、抄本，再从实地考查。

一、本志十六景，以新旧名胜点缀之。

一、本志所注远近路线，以“湖山第一”为起点。

一、本志所载湖之面积三十里，专指湖面而言，其周围山水风景之广，达二百余里。

一、本志附沙湖全图，载明湖山路线及寺观、村集、墓寝，俾游湖者便于查考。

沙湖叙

谢太傅[①]功高百辟，心在一丘，而东山[②]以传。周元公[③]道德高尚，襟怀潇洒，而濂溪[④]以著。商山以四皓[⑤]显，愚溪以柳州名，[⑥]至于一亭一庐之微，亦莫不葺补保护，经数千百年而宛然犹在者，岂非以子云、孔明之文章道德照耀后世？[⑦]其人重，而其栖息之所亦与之俱重，犹召伯[⑧]之甘棠，思其德而不忍伐其树耶。一亭一庐之微者无论矣，彼二山二溪之于四公亦只以因缘偶合，人与地相得而益彰，非必山川之风景果有出类拔萃者也。故我国言游观之最胜者，推杭州之西湖。乐天[⑨]

---

① 谢太傅：东晋重臣谢安。

② 东山：文中指金陵东山，是谢安的游憩之地。

③ 周元公：宋代理学家周敦颐，谥元公。

④ 周敦颐曾于庐山筑读书室，其傍有溪流，书室名濂溪书堂。

⑤ 商：应作“商”，误。四皓：指秦末隐居在商山的东园公、甪里先生、绮里季、夏黄公。四人须眉皆白，故称商山四皓，以其声望消除了刘邦改立太子的意图。

⑥ 愚溪：河流名，在今湖南省永州市西南，本名冉溪。柳宗元谪居于此，改其名为愚溪。柳州，指柳宗元。柳氏祖籍河东（今山西永济市），世称“柳河东”，因曾官柳州刺史，任上政绩卓著，人称“柳柳州”。

⑦ “岂非以子云、孔明”句：此句用典承上文“一亭一庐”，见唐刘禹锡之《陋室铭》：“南阳诸葛庐，西蜀子云亭。”子云亭：在四川省绵阳县。相传为西汉学者扬雄读书处，扬雄字子云，故名。

⑧ 召伯：周召公奭。《史记·燕召公世家》记载，召公在某乡邑的一株棠树下处理政事，公正严明，自侯伯以至庶人都服膺召公。召公逝世后，人们怀念他，保护此棠树，以见树而思其人其德。

⑨ 乐天：唐白居易字乐天。

经始于唐，子瞻[①]润色于宋，踵事增华，代有其人。其所以能若此者，盖以西湖风物之秀丽，实有特出者在也。

余尝谓我国幅帧之广，必尚有佳山水因未得名流称赏而隐藏不著者。今读任琴父《沙湖志》及杨闻泉[②]《沙湖三唱》，而窃幸余言之有中也。夫士之才识优长、蕴蓄宏富而怀利器、毕生未获一试者，众矣。遇合之难，知己之少，贤豪所以扼腕而叹息也。斯湖之得遇二子，吾因之有感矣。

沙湖在武昌商埠[③]东，明楚藩种芦取膜为笛簧处，故又号歌笛湖。环湖皆山，交通不便，犹之宫墙数仞，宗庙之美、百官之富，莫得窥也。琴父始从沟口商埠辟一径以通待驾山，名曰“歌笛村”，又曰“湖山第一”，为游人驻足所，而车马始便往来。混沌既凿，窾窍斯始，而山光水色豁然呈露矣。二子谓景物之美不减西湖，而天然韵致有过之无不及，喻西湖为名妓，斯湖为闺秀，则其倾倒者至矣。乃复广征诗文，大为延誉，不私于己，而以公于人，务求斯湖之盛名腾踔于全世界，是大有造于斯湖也。太史公曰：伯夷、叔齐虽贤，得夫子而名益彰；颜渊虽笃学，附骥尾而行益显。二子之于斯湖，殆如陶之菊、周之莲欤？至其山林之美、泉石之胜，二子所志详矣，兹不复云。

丙寅九月重阳后十日

周之莲寄赠

---

① 子瞻：苏轼字子瞻。白、苏二人为开发西湖的最早功臣，白建白堤，苏建苏堤，其治水德政为西湖美景增辉。

② 杨闻泉：“杨”应为“扬”。扬铎（1893—1967），字闻泉，湖北夏口（今武汉市江夏区）人。文史学家，武汉市文史研究馆馆员。早年参加辛亥革命，其著作除《沙湖三唱》（收入《沙湖志》中）外，尚有《张江陵年谱》等。

③ 武昌商埠：据任桐《园林春色》及本书末附任桐所绘插图，“武昌商埠”是民国初期有关方面继承前清张之洞的规划，在今武汉市武昌区大堤口到徐家棚一带所建的新城区。任桐亦参预其事，后并为主要主持者。

沙湖记

东南山水之胜，不可以数计，而以吾浙为最。杭州之西湖、温州之雁荡，尤吾浙山水之秀绝奇特者。故欧阳修谓“钱塘[①]兼有天下之美”，盖犹知有西湖，而不知有雁荡焉。诚以天下山水有得于此者，或遗于彼，山则如庐阜、衡岳，水则如洞庭、太湖，虽各擅奇伟峭丽之观、汪洋恣肆之势，然皆有其一偏，不能如西湖、雁荡得而兼也。

余素嗜画山水。昔太史公游览名山大川，然后能文章。窃以为作画亦然，是以足迹所经，或遇一丘一壑，亦必纵览而毕登焉。清光绪庚子，宦游来鄂。一旦，闲步出武胜门外，沿东北行至沙湖，远望洪山、灵泉、九峰诸山，星罗棋布，各效其奇。其中有一衣带水若隐若现、掩映于诸山之间者，曰沙湖，旧名歌笛湖，即楚藩种芦取膜为笛簧处，故今湖侧犹多芦。其水清而浅，周围约三十里，仿佛浙之西湖，虽无楼台亭榭，然天然之秀质，固不以榛莽而掩者。

鼎革后，余隐居湖上，自号“沙湖居士”，于湖之西筑“琴园”，莳花种竹，聊以自娱。癸亥秋，建“湖山第一”于待驾山，又建“引胜桥”以利交通。就湖中原有之胜，略加补葺，计十六处，名之曰“十六景”。又有所谓“永嘉别墅”“望书亭”“白鸥亭”“念西居士林”，此皆余所添置者。沿湖满种芙蓉、垂柳，中蓄红鱼。时而泛舟，时而步月，时或共二三朋友题诗饮酒、笑谈啸傲于其间。

---

① 钱塘：指代杭州。此句是盛赞杭州的景色，出自宋欧阳修《文忠集·有美堂记》：“盖钱塘兼有天下之美，而斯堂者又尽得钱塘之美焉。”

是岁冬，余因比年经营武昌商埠，计画市区，以致经济困难，除夕索偿者满座。而余心固犹眷眷于此湖，始终未尝稍馁也。

噫！天下事固有不可得而兼者，亦犹山水耶？余虽无其力，然今且竭吾力之所能者，搜求之，点缀之，编成一书，曰《沙湖志》，以供雅好者之披览，并可知此湖之所由自。其湖山风景，纵不能尽如西湖，然安知不可作未来之西湖观？故特记之，以冀达余之目的。

民国十有二年除夕

永嘉任桐拟于琴园

沙湖志目录

任桐琴父氏甫辑

沙湖十六景

琴堤水月

“湖山第一”当面，有长堤如横琴状，月夜则水色平分，湖光照眼，如在高山流水间也，不逊于苏堤、白堤之胜。

故乡亦有湖山，都亏几段柳堤锁住烟景；

此处正多水月，忽听数声芦笛吹断夕阳。

琴父拟联

雁桥秋影

琴堤三桥中名雁桥者，时有鸿雁自天际飞来，影落平沙，与两岸芦花相掩映。此桥对影横斜，水天一色，含有秋容不嫌晚之状。

数行雁字齐飞，后后先先，斜对琴堤水月；

隔岸芦花荡漾，重重叠叠，正来沟口夕阳。

琴父拟联

寒溪渔梦

宋冯京[①]，字当世，少孤，纵饮不羁。一夕醉卧溪边，有渔者泊舟困眠，梦神叱之曰：“冯侍中在此，何不避！”惊起步月，见草间有

① 冯京（1021—1094）：北宋大臣，字当世，鄂州江夏（今湖北武汉）人，神宗时任参知政事。

人熟睡，询之，知为冯也，具告以梦，请卧舟中，以避风露。后冯贵，使访渔舟，不复见。抄《渑水燕谈录》

富贵功名，都是一场春梦；

烟波钓隐，亦诚千古知音。

琴父拟联

金冢桃花

逻迦山之阳[①]，民国初年女伶金月英葬此。性贞烈。墓畔多桃花，游人过此，有人面桃花之感。

人面已成无色相[②]；

桃花还结有情缘。

琴父拟联

东山残碣

即洪山，古有《东山赋》镌山后石上，今剥落不可读。宋赵淳即山胜处架木为阁，榜曰“东岩”，状其石曰“云根”、曰“云扃”，凡十数处。

古人文字千言，都被风云卷去；

今日石岩一角，还与天地同参。

琴父拟联

---

① 逻迦山之阳：此处谓金墓在“逻迦山之阳”，有误。据后文“人物·民国·金月英”及“沙湖名胜全图”可知金墓应在山阴湖滨一带。

② 无色相：婉言去世。色相，佛教语。指万物的形貌。

九峰晨钟

狮子峰下有正觉寺，明高僧无念所建，门阖九峰，松柏四绕，每日晨起，钟声清远，直超出尘外境也。

山色晓烟收，望到峰尖，恰好五更月落；

钟声僧寺起，惊残尘梦，豁开卅里湖光。

琴父拟联

虎岩云啸

灵泉山北行，有黑虎岩，崛出云表，如啸傲状。下数百丈成低阜，左石门，南骆驼湾，西珠山。突起圆阜，环抱尤胜。

出岫本无心，飞入松风，同鸣众壑；

蔽天如有恨，散归沧海，可作长吟。

琴父拟联

卓刀饮泉

湖之东，汉昭烈郊坛[1]下，世传汉寿亭侯[2]行军于此，卓刀得泉[3]，详《一统志》。明昭王蒐[4]，饮之，味甘洌，为甃石，覆以亭。色白香清，饮之不渴。

偃月岂无光，天上飞来，凿凿大声惊万卒；

---

① 汉昭烈：此指蜀汉昭烈帝刘备。郊坛：古代为祭祀所筑的土坛，设在南郊。

② 汉寿亭侯：三国蜀汉大将关羽。建安五年（200），受封汉寿亭侯。

③ 卓刀得泉：卓刀泉，泉水名。此泉现今仍在，为武汉市名胜古迹，在武汉市武昌区珞瑜路和卓刀泉南路交会处。明李贤《明一统志·武昌府》：“卓刀泉在府城东一十里汉昭烈郊坛下，世传关忠义尝卓刀于此。泉侧有忠义庙。”

④ 蒐：打猎。特指春猎。

通江宜有脉，地中涌出，源源不竭几千秋。

琴父拟联

泉亭松韵

卓刀泉侧，山水清音，久为高人所欣赏。扬闻泉补筑一亭，两旁栽松，夏日可避暑，有松涛声、流泉声，风月之下，恍如琴韵。

大海茫茫，教石上清泉，莫混潮流忘本性；

深山寂寂，只松间明月，不随涛浪作虚声。

琴父拟联

兰岭香风

灵泉东二里，黄宝岭产兰，春时兰蕙成丛，香风满野，居人称为兰岭。

檐马[①]响丁当，蝶去蜂来，吹醉美人心事；

花番听子细，香清韵远，暗生幽谷春情。

琴父拟联

青山夜雨

湖之北有青山临大江，每当夜雨朦胧，山外有山，渔灯掩映，真所谓“青山隐隐水迢迢”，别有风韵。

雨意缠绵，窥楼外风云，黑瞒天地；

山光隐约，忽江边渔火，暗渡烟波。

琴父拟联

① 檐马：也称风铃、铁马。挂在檐下用以占风的金属小片，风起则叮咄作声。

石壁龙湫

碧云山有石壁，形如笔格，山下凉马坊前方塘中水洼，传为龙湫。明洪武九年，龙起，水涌高数丈。

谁道沙湖就无石壁；

我知雁荡亦有龙湫。

琴父拟联

沟口夕阳

湖之西待驾山，傍晚西望沟口，夕阳殊多异彩。渔歌唱和，虽黄昏时候，犹有绝妙风景也。

钓艇归来，高唱一声，姑放斜阳西坠；

花影收去，抬头四望，又将明月东升。

琴父拟联

夹山咏雪

灵泉山有西山环抱如屏，天寒坐对冬岭孤松，回峰舞雪，令人诗兴勃然。

搁笔问天涯，冷拥双峰，马难移步；

题诗扫石上，寒深三尺，人自豪吟。

琴父拟联

梁湖放棹

湖之东有梁子湖，每当春夏，水深鱼美，林峦隐蔚。其中蟹鳑鱼榔[1]，菱歌莲唱，与鸥波螺髻相掩映，好事者常泛舟于此。

坐此舟中，对四顾流连，忘载琴书而返；

身如世外，听一声欸乃，自在山水之间。

琴父拟联

鸥岛浴波

沙湖多白鸥，每随清风，浮泛绿波之中，洗涤净尽，不留半点污痕，浴后皆集于岛上，展其羽翼，自飞自鸣，若忘机焉。

我非羽化真人，何竟有缘至此；

谁是凌波仙子，乃能自在若斯。

琴父拟联

① 簖：渔具名，插在河流中阻断鱼蟹行进的栅栏，常用竹枝或芦秆编成。鱼榔：渔人捕鱼时敲击船舷以惊鱼入网的长木。

湖　景

沙　湖

旧名东湖，又名歌笛湖，方三十里，在武昌商埠东，明楚藩种芦取膜为笛簧处。浙之西湖有六桥三竺①，多桃柳，宜于春。沙湖有三桥九峰，本多芦，琴父补种芙蓉，宜于秋。《地舆纪胜》②谓湖上有东园，为近城登览之胜，今莫知其所在。昔此湖交通不便，游人皆视为畏途，故成一荒僻处所，人迹不到。琴父从沟口商埠辟一路至引胜桥，为琴园路。由引胜桥至待驾山，为湖山路。于待驾山建设歌笛村“湖山第一”，为游人憩息之所。自是湖光山色顿易旧观，车马往来始称便利。

---

① 六桥：浙江省杭州市西湖外湖苏堤上之六桥：映波、锁澜、望山、压堤、东浦、跨虹。宋苏轼所建。三竺：浙江杭州灵隐山飞来峰东南的天竺山，有上天竺、中天竺、下天竺三座寺院，合称“三天竺”。

② 《地舆纪胜》：应为《舆地纪胜》，是南宋中期的一部地理总志，王象之编纂，成书于南宋嘉定、宝庆间，200卷。自序谓：此书“以郡之因革，见于篇首，而诸邑次之，郡之风俗又次之，其他如山川之英华，人物之奇杰，吏治之循良，方言之异闻，故老之传说，与夫诗章文翰之关于风土者，皆附见焉。”

沙湖三唱[①]

游沙湖记

癸亥秋八月于役岭南，道经沪渎[②]，曾迂道作西湖游。十余年游观之愿，一旦得偿，快也何如？惟是倦游以还，觉湖光山色，固极其秀丽之致，然除人事点染，吾故乡亦未必无此湖山也。归以语之任君琴父，君即以武昌沙湖告。

琴父，浙之永嘉人也，宦游于楚，与吾为忘年交。鼎革后，寄隐沙湖，筑琴园于湖之西以自娱，且自号沙湖居士，爱吾楚之山水，以为与浙之山水较，有过之无弗及。吾以楚人，反不之知，对之能无愧色？乃相约作沙湖游，卒以人事未果。

今年夏，与李杨成、王慧中、丘浚川诸同学，约任君同游于沙湖之东。以琴园为首途，乘兴东行，渡一小溪，可五六里许，湖光在望，有一亭翼然湖畔，擅全湖之胜。询之琴父，则即其所题“湖山第一”处也。据亭远眺，但见湖水浩森，远山苍翠，而湖之中有一长堤约数里，堤之尽处为一大平原，宛在水中，如海上蓬莱。近而方之，若西湖之白堤及孤山也。琴父拟于其堤之两岸遍植杨柳，断堤为二，通以石桥，而建一楼于平原处，曰“宛在楼”[③]，颜其桥曰“雁桥秋影”，堤曰“琴堤水月”。吾亦欲分一隙地建“静园”于其上，为吾息游之所。或曰：“湖山风月，不问主人。君若好之，竟管领之可耳。岂有

---

① 沙湖三唱：指扬铎所作与沙湖有关的三篇文章：《游沙湖记》《沙湖序》《沙湖征文启》。

② 沪渎：上海。

③ 宛在楼：《诗经·秦风·蒹葭》：“蒹葭苍苍，白露为霜。所谓伊人，在水一方。溯洄从之，道阻且长。溯游从之，宛在水中央。”据此取其地处湖中部而命名“宛在”。

如今世，争权攘地，必以兵戎相见，分胜负而后可哉！”渡湖南行，俯视湖水清浅，游鱼与水草相驰逐，均历历可数，日光下澈尤奇观。抵南岸至落伽山，怪石嵯峨，呈铁色，如西湖之蕉石鸣琴。有名伶金月英之墓在焉，以铁石为屏障，以湖水为明堂[①]，墓旁多植桃花，每当春暮，辄有人面桃花之感。吾将题之曰“金冢桃花”。据舟子云：由此而东，有城郭曰“东湖门”，为古武昌城之一角。唐睿宗未帝时，曾驻兵于此。其东有山如屏，高低起伏，蔚然深秀，有摩山、龙宫诸胜，惜以时晏，未往游也。鼓棹而返，憩于“湖山第一”亭，则见远山有两峰并峙，似西湖之两峰插云，近水有荷花满池，似西湖之曲院荷风[②]。且琴父将建两塔于湖之左右，一在山之巅，一在水之涯，是何异雷峰、保叔[③]遥遥相对于西子湖畔也。

鸣呼！西湖经历代名人之点染，得以享盛名于东浙，而吾武昌之沙湖，有与西湖相仿佛者，反委诸荒烟蔓草，湮没无闻，殆所谓有幸有不幸欤？窃尝思之：西湖负郭而居，有如风尘美人，故亲之者较易，而享名也独早。若沙湖虽则负郭，然环之以山，□[④]之以港，深藏不露，不啻大家闺阃之不欲轻示人以色相也者。然则西湖如名妓，沙湖如闺秀，其际遇虽各不同，而其面目亦未始不各擅其妙也。鸣呼！“前不见古人，后不见来者”，人以湖传，湖以人显，吾将与琴父争此湖山快婿而为神仙眷属耶？已而暮色苍溟，晚烟四起，渔舟之出没于波涛中者，一刹那间几失所在，但听数声渔笛吹断夕阳。兴尽归来，

---

① 明堂：墓前祭台。又称为券台。《后汉书·独行传·范冉》：“其明堂之奠，干饭寒水，饮食之物，勿有所下。”

② 曲院荷风：西湖景名为“曲院风荷”。

③ 雷峰、保叔：雷峰塔，遗址在浙江杭州西湖南夕照山上。五代吴越王钱俶所建，1924年倾塌，后重建。保叔塔，在杭州西湖北岸宝石山上，又名保俶塔。

④ □：底本为一空格。据沙湖公园管理处提供的底本为“间”。

乃濡笔而为之记。

时民国十有三年第一甲子五月望日

夏口闻泉扬铎

沙湖序[①]

吾意夫自有宇宙即有沙湖，虽沧桑之变不可得而考，然沙湖之为沙湖，其所由来者，旧有不待烦证而知者也。前乎此者，有生长于斯、游息于斯，或达而宦、穷而隐之王公贵人、名流畸士，放棹倚徙于此苍茫杳霭之间者，盖不知其几何人也，从未闻有为之志焉者。即或一麟[②]一爪，然亦未闻有人集其大成，以可传之笔，抱必传之心，期其有传于后，如任君琴父之志沙湖者也。呜呼！天地钟灵，河山毓秀，然而不得其人不彰，殆亦所谓运会之使然。不朽之业，必待诸其人而后著哉！

吾与琴父订交三年，与之游沙湖者再，曾有文以记之，且以西湖比名妓、沙湖比闺秀，而欲与琴父争此湖山快婿，时人传为佳话。琴父年长于我，而又为浙之永嘉人；吾土著也，年事正少，吾意雀屏之选[③]，有不待射而后中者矣。琴父其亦有所动于中耶？信如此也。琴父自号为沙湖居士，吾则可称之曰沙湖主人矣。湖山风月，原无主人。顾当今之世，割据之世也，吾但以意割据之而已，孰又得以理法绳其

① 沙湖序：据文中“从未闻有为之志焉者”“如任君琴父之志沙湖者”“吾喜琴父之《志》有造于沙湖也，爰抒所怀而为之序”之语，题名“沙湖序”“湖”后当脱“志”字。

② 麟：应作“鳞”。

③ 雀屏之选：择婿许婚。典故出自《旧唐书·后妃传上·高祖太穆皇后窦氏》：“（窦毅）谓长公主曰：‘此女才貌如此，不可妄以许人，当为求贤夫。’乃于门屏画二孔雀，诸公子有求婚者，辄与两箭射之，潜约中目者许之。前后数十辈莫能中。高祖后至，两发各中一目。毅大悦。遂归于我帝。”高祖谓唐高祖李渊。

后耶？卧榻之侧，本不容人鼾睡，然琴父吾至友也，湖山风月，吾不妨与琴父平分而有，似又无须拘拘于主客之为言也。古云以天地为蘧庐，古今为传舍，人生为逆旅，是则所谓客者固客，即主亦客也。

昔人有诗云："子陵有钓台，光武无寸土。"[1]其意可深长思矣。吾赋性骨鲠，匆惬于时，自计颇难效用于斯世，尝慨然有湖山风月之想，惜以饥寒、妻子之累，不克骤离人海，然未尝一日或忘也。倘以十年为期，小有所逮，自当退而求数顷之田于沙湖之上，以为躬耕之资。暇则驾一叶之舟，容与中流，入九峰，上灵泉，渡梁湖，历石壁、夹山、寒溪而还，泊于雁桥之下，徜徉山水之间，与琴父二三知己狂歌长啸，顾不乐哉！吾喜琴父之《志》有造于沙湖也，爰抒所怀而为之序。

民国十四年岁次乙丑

闻泉扬铎序于法言书屋

沙湖征文启

雷峰圮，西湖寂，继之而兴者，不为武昌之沙湖，其又将为谁？

呜呼！西湖之兴，倡于唐而成于宋，迄今千有余岁矣。胜地不常，棋局已散。吾曾遨游其间，觉湖光山色固在在予吾以流连，然湖山班头究为此颓然白发如老衲、如醉翁之一雷峰废塔耳。今则夕阳黯淡，反映无光，所谓塔倒湖干者，其将兆于斯乎？

---

① 子陵：严光的字。东汉余姚人。曾与汉光武帝刘秀同游学，刘秀即位后，改名隐居，后被召至京师洛阳，授谏议大夫，不受而退隐于富春山垂钓。此后，严子陵钓鱼台渐成胜地，骚人墨客，多有题咏。据传一轿夫至此有感，即兴为诗云："好个严子陵，可笑汉光武。子陵有钓台，光武无寸土。"意谓子陵因隐居而流芳百世，而光武帝死后，江山已归他人。

武昌居全国中心，为古名都。联京汉，腔[1]湘粤，川桂恃为尾闾，皖赣视其马首，人杰地灵，萃集一时。他日粤汉路成，则门户洞辟，外人之至焉者，咸将由港而粤，而湘，而鄂，商旅之往来者，亦将争出于斯途。如是，则直可夺上海之势，与汉口隔岸而并盛也。

在商埠之东，附郭而有一歌笛湖，亦名沙湖，山水秀丽，迥无伦比，绝未粉饰，一任天然，殆如村女之乱头粗服，别饶风致也。琴父拟纠合同志，就古人之陈迹，益以点染，曰“沙湖十六景”，意在有造于沙湖耳。厥名维何？曰：琴堤水月、梁湖放棹、雁桥秋影、金冢桃花、寒溪渔梦、东山残碣、泉亭松韵、九峰晨钟、夹山咏雪、卓刀饮泉、青山夜雨、沟口夕阳、石壁龙湫、虎岩云啸、兰岭香风、野桥芦笛等是，而以杜甫之“天地一沙鸥”为全湖写照，洵可谓风流之雅事也！惟同人无似不敢自附风雅，用特公诸同好，征求诗文，以光湖山。

窃念我国十余载以还，效蛮角之争者盈天下，风云叱咤，山河变色。惟天地之大，何所不容？虽烽火频惊，而湖山无恙，此固不可谓非天地奥秘，而有以启我辈之遐想也。夫人生若梦，为欢几何？诸公或以避乱为念，欲寻世外桃源；或以抒情为怀，欲借他人杯酒。请以沙湖为绍先，结文字因缘。古人谓：“人生行乐耳，须富贵何时？”诸公其亦有志于斯也耶？

倡之者，任君琴父；珥笔[2]者，扬君闻泉；而促其成者，丘君浚川也。

---

① 腔：应为“控”。

② 珥笔：记录。古代史官、谏官上朝，常插笔冠侧，以便记录，谓之“珥笔”。

东梁子湖

湖之[1]灵泉山下，方一百八十里，水深鱼美。其中山之最胜者，曰青山、梁子山、三山、石壁山、同山、月山、南莲山、北莲山、黄陵山。四面皆水，邑东南接壤，绝胜地也。湖中山九十有奇，湖水有九十余汊。

西梁子湖

湖之西南通蒲圻、嘉鱼、咸宁，中有崟山、桂山、静宝山，皆深邃可游。春涨，渔人十倍于东梁。闯逆[2]弥漫时，民人有隐避两湖者全活。东梁子出樊口，西梁子出金口，去港各九十里入江。

小 沙 湖

在武昌商埠东、武胜门外，方十余里，通青山港。农林试验场、棉业厂皆在湖边。

汤 孙 湖

湖之东通南湖，与纸坊相近，《水经注》：李家桥至新桥入江，八分湖、纸坊湖、菱角湖、红蓼湾诸湖水横冲其腋，不风而浪，其东北时有拗风，屡覆舟。

吾 塘 湖

在灵泉、花山前。灵泉山之南为梁子湖，北即吾塘湖。

---

① 之：疑应作“在”。

② 闯逆：指明代末年李自成起义军。

樊湖

在梁子湖之东南，因樊哙封武阳樊侯，故称。

游樊湖记

明 樊时中

余泛舟于樊湖之浦，落霞栖于天半，晚烟笼于水面。须臾清风自南而来，因泊于梁子石间。夜半，步至享堂[①]，吊张东山名雨若，宋隐士之墓，未尝不欷歔□[②]长叹焉。予见渔灯烟火达于远岸，四顾无人，惟闻林间鸟雀声而已。

次日，游高塘，见远山含翠，如取诸寄，殊觉宇宙间有此山遍宜此水也。复棹舟北行，夜泊于磨刀矶下。问当年李孟宗[③]石壁赋诗处，已漠然不可识矣。

翌日，舟经南北莲，至沙河径，问冯公[④]书室京之子孙迁此。逾三山，抵观音岩在梁湖中。石壁插天今名石笔山，仿佛摩诘[⑤]一画图也。

又次日，移舟至大成庵，遇吴质名士于苍松下，盘桓数日，有恋于山水之乐焉。是日，舟至潼山，与张子添佑、李子时亮烹鲜饮酒，赋诗于其上。诗成，凿石有声，然后知此山之空虚也。已而夕阳在山，渔歌唱晚，于是风帆远引，舟次南塘，载明月而归。望灵泉山色，隐隐若在古木苍烟中云。

---

① 享堂：祭堂，供奉祖宗牌位或神鬼偶像的地方。

② □：底本为一空格。

③ 李孟宗，宋代江夏人，幼时能诗，人称神童。

④ 冯公：即鄂州江夏（今武昌）人冯京，字当世。庆历八年，冯京中解元，次年，中会元，殿试又中状元，连中三元，人称冯三元，累官至枢密使。

⑤ 摩诘：唐王维，字摩诘，官至尚书右丞，故又称王右丞，诗人兼画家。

山　景

灵泉山

前汉志称江夏山，汉名夾山，唐天宝中更名灵泉山。湖之东十五里有泉，天旱祷之辄应，因名。东为笔格峰、龙帐峰，南出为宝盖峰、玉屏峰，又为天马峰。自龙帐峰东行，复长亘数里，为黑虎湾。复折而北，为马鞍峰，东为石莲峰。左去有清风洞，北行尽处为黑虎岩，灵泉寺踞其麓。寺左为石门，南为骆驼湾，西为珠山，突起圆阜。

江夏山记

明　孙　熙

江夏山去县东六十里，两山排列，一水平湖，俨然万绿苍深处也。广延可十里许，无衡霍[①]之雄，嵬然作镇；无方城[②]之险，昂然壮观。其无足志也明甚。予考江夏一邑，自洪武开武昌道，始为群邑之首，则山之得名，从乎邑也。夫即从乎邑，则邑之号为山者，亦累累矣，胡此山独冠以“江夏”二字？是必有说存焉。予卒不自解，岂其为群邑领袖耶？为江夏首望也？余访之故老，谓此山为武阳[③]所封邑地，家

---

① 衡霍：衡指湖南省衡山县的衡山，为五岳的南岳。霍指安徽省潜山市的天柱山。

② 方城：指方城山，在方城县境北东部。系伏牛山向东延伸部分，横跨南襄夹道，面积约十一平方公里。

③ 武阳：当指汉刘邦所封舞阳侯樊哙。

世居此，故冠以“江夏”，犹之鄂城冠以“樊山”云。此其说似矣。

噫！是山之秀，吾塘绕其北，梁湖绕其南，登高望远，林木阴翳，烟火万家，亦足以舒壮怀而供眺赏。由宋溯唐，惟有历年；由晋溯汉，惟有历年，遐稽往躅，以至今日，其为侯王将相之所钟灵，农父野老之所栖息，以及乡绅先生之所遨游而流连，牧童樵叟之所讴歌而上下者，俱在乎是。勿谓非名山也而弗之记，予故为之书。

夹山记

明　聂　炳

夹山枕高岗，南滨大湖即大山湖，东流九十里而注之江港长九十里至樊口，此一方之大势然也。予与刘子惟谦登丰禾之岭，西望六老山名诸峰，如旗帜之飘摇而来焉。其西南有山曰锦绣，唐隐士李大槐多植桃李于此焉。刘子注目南望，见远山在云表中，不禁喟然叹曰：“予知山外之山、水外之水，无一不遥为之招乎。”复下山至莺耳山名，道经龙塘，携手至灵泉山下。行六七里，皆苍松蔚柏，乱莺啼树，浮云栖壑，往来行人，半在浓阴疏影之中。步至横龙岭，见有层楼凌霄，是谁氏之里居也；清响遏云，是谁氏之弦歌也；书声不息，是谁氏之读诵也。予且行且止，刘子遇亭而吟，入阁而赋，每彷徨不忍去。暮宿于寻乐斋，夜半闻疏钟远引，清风送香，仰见银河，似别有一洞天也。

是月中秋，复与刘子蹑骆驼。攀跻而上，四顾云山，苍苍茫茫，可极目而得也。俯瞰其下，万家烟火，比户可封，真不愧为君子乡云。刘子曰：“子盍志？”友人田大圭为予留题于夹山草堂。

灵泉山记

明　张添祐

山自西来，逶迤数十里，起一奇峰，为诸山之祖[①]，名为丰禾山，里人报赛[②]处也。由丰禾而马峡，两山排列，起伏不一，至马鞍谷口今石所营而复起独峰，状如笔格今红口碑太子庙。笔格之右有泉清洌，传为蛟龙之壑。今凉马坊山地广十亩，洪武时龙起。由峰而东，亘横数里，曰龙帐今兴隆庵、曰宝盖今圆通寺、曰父子岭。两山遥对，南为金堂，北为玉屏今牛□岭[③]。山势盘环有如带者焉，或呼为蜂房今诏轴等山；有如盘者焉，或呼为水阿今天马等山，祖堪舆者珍之。若夫前诏轴[④]，后天马，左秋风，右春露二亭，则有余先人之敝庐存焉。自花山接轸而北驰，如龙卧、如虎伏、如凤舞鸾挺者，则灵泉古寺是也。

环灵泉而居者，若陈、樊之桂园，邹、董之菊阁，潘、郑之桃圃，永和之陂堤横柳，时亮之幽崖栖竹，中美之旋纹古柏，皆足擅名。而余之北园，惟背倚青山，面临湖水，构斋诸峰之下，与沈子沈道伦、道纪，皆如筠之子日夕谈书，闻午夜钟声，观山头晓雾而已。祐家世润谷间，抑又何乐？一乐夫林壑之幽，尤乐夫四时在鸟声中，而与诸君子共居此地，共乐此乐，幸无贻山林羞，故不可以不志。

九　峰　山

湖之东十五里，有狮子峰、钵盂峰、沙碧峰、石门峰、阳逻峰、

---

① 祖：此指山脉走向的起始。
② 报赛：古时农事完毕后举行谢神的祭祀。
③ 牛□岭：底本不清。
④ 诏轴：卷四“万卷书楼”条下为“诰轴”。

宝盖峰、马驿峰、丁管峰、黄蘖峰，谓之九峰，山环如城。产茶。为省龙旁抽之脉，上至青山，内至豹子澥，下至武昌葛仙镇。

伏虎山

在湖之南，如伏虎状。

吹笛山

湖之东五里许，山下有吹笛桥，明楚藩种芦为笛簧于此。西为竖旗山，南即砚瓦山。

鼓架山

湖之东五里，传为明昭王屯兵之所，在吹笛山北。

龙山

与樊山连，山上有龙宫。其地古称龙头，重阳节皆在此登高。山顶有帽痕，俗传孟嘉落帽[①]于此。

逻迦山

湖之南，山上有金月英墓，其地如船形。

① 孟嘉落帽：东晋江夏人孟嘉有文名，为征西将军桓温参军，九月九日重阳时桓温在龙山举行宴会，一时风起，把孟嘉戴的帽子吹落，孟嘉没有发觉。在座的孙盛写了一篇文字嘲笑孟嘉。孟嘉即席草一文回答嘲笑，文笔优美，满座叹服。

洪　　山

湖之南，旧名东山，有东山八景之称。宋荆湖制置使孟珙[①]迁大洪山，遂名。

八 叠 山

湖之南，与三台山接，往复凡八折，幽绝之地。

马 鞍 山

湖之东，又名长山，下有长山铺，烈妇冢在其簏[②]，多奇岩怪石。

来 王 山

湖之南，即马岐山，有蛮王冢，与小龟山毗连，中有云游洞。

黄 泊 山

湖之孟桥铺，山势险峻，上有石壁环列如屏。

夜 泊 山

湖之南，张叔夜[③]渡湖，泊舟于此。

① 孟珙：南宋名将，曾任荆湖安抚制置使。迁随州大洪山寺于此，改东山为洪山。明成化年间改寺名为宝通禅寺。

② 簏：应作“麓”。

③ 张叔夜：北宋末抗金名臣，徽宗、钦宗二帝蒙尘时，随侍北上，途中自缢而死。

碧云山

湖之东北，有石壁如削。武昌旧志谓石笔山，如笔格状，横亘长湖，北即蜘蛛山，四面皆水。

丰禾山

湖之东十余里，土人报赛处。丰禾一支过峡分两山，故曰夹山。一支接灵泉，一支接九峰，至梁子湖而止。

梁城山

湖之东北，梁武[①]筑城屯兵于此。

烽火山

湖之东北，有烽火城。《隋书·地理志》：江夏有烽火山。《一统志》：梁末北齐清河王梁进军临江。梁将侯瑱来过江夏以伐齐，屯兵于此，举火相应，故名。

锦绣山

湖之东。《一统志》：唐时多桃李，至春，则花如锦绣，皆李隐士大槐[②]所植。

---

① 梁武：指梁武帝萧衍，字叔达，南兰陵（今江苏省常州市新北区孟河镇）人。他是南梁政权的建立者，“侯景之乱”时死于台城，谥为武帝，庙号高祖。

② 李隐士大槐：据康熙《江夏县志》载：大槐山在县南七十五里，晋李大槐隐居于此，故称槐山。此锦绣山当即大槐山。

槎　　山

湖之东，孤岑独峙，高数十丈。

花　　山

湖之东北，自白羊山西走，绵亘蜿蜒，中藏小山甚众，北名学堂坳，与碧云山接，西则老凹山、藤子山，又北折为谌家山，濒西湖尾，山阿生紫荆，高数丈，开时最幽艳，雅致如神。

白羊山

湖之北，与岐陇相对。山中有圣水口，为往来通衢；又有圣泉，可溉田数十亩，盛暑饮之，沁人心脾。

凤凰山

湖之西南，黄龙元年，凤凰来集，故名。有孟母冢。唐岑参诗“路指凤凰山外云”即此。

青　　山

湖之北二十五里，尾亘长湖，首枕大江，山下有矶曰青山矶，多碎石浅滩，见陆游《记》[①]。

待驾山

滨沙湖，有歌笛村“湖山第一”，琴父辟一大路直达沟口，凡游

① 陆游《记》：当指宋陆游所撰《入蜀记》。

客皆到此憩息。

梁子山

梁子分东、西两湖，其间有九十九山，最著优胜者惟同山、月山、石壁山、釜山、桂山、静宝山、南莲山、北莲山，皆秀雅可游。

白浒山

湖之北三十里，又名白虎矶。《水经注》：江水东径白虎矶，有白浒镇。

八分山

湖之东南，望如列屏，为省会朝山[①]，有水分流如八字，故名。山分八字，数不及九。

磨山

湖之东，古称龙头山，又名龙山。

双峰山

在宾阳门外，一名白鹤山。

① 朝山：堪舆家用语。此指省城南方远处较高的山。

名胜古迹

天地一沙鸥

任琴父题。

湖山第一

湖之西有待驾山，民国癸亥秋，琴父首从此处建设一亭，故名曰“湖山第一”，以志工之所自始。凡游人到此，可览全湖之胜。

管领一天风月；

别开卅里湖山。

万卷书楼

沙湖东诰轴峰下，唐李沉建，明李磎后裔又修之，以藩寝废为经堂庵[1]。

万卷书楼

明 曾 泰[2]

书者，所以藏百代之遗文而见古人之著作于今日，不独歌咏古人

---

① 以藩寝废为经堂庵：因修楚藩陵寝，万卷书楼荒废，后建为经堂庵。

② 曾泰：明初江夏人，明太祖洪武年间以“秀才”名义被皇帝征召，擢升户部尚书。参见《明史·太祖本纪》《五礼通考》。

之饮食、嗜好、话言而已也。昔者秦人焚书而书已亡，后世儒者欲讲求帝王之制度，考论圣贤之言行，未尝不抱经而兴悲也。

唐之李沉祖孙父子世传明师，挟家资数十万金搜求秘书，而四海商贾往往不惮千里赍奇卷以求售，而天下秘书遂俱出于李氏之门。然李氏不敢自私，尽付梓人，以公天下，所谓古今奇赏、天下巨观，莫富于李氏。自李氏书出，而天下学山学海者，咸于是焉取读。则书之赖以不朽者，皆李沉之功也。嗟乎！沉往矣，而书尚存。天下贤人君子犹至今称李氏书不衰矣。今李氏子孙欲世其乃祖乃宗之业，将凿石室以为万年计。余愿拜手[①]昌言以贺其成，是余之志也夫，是余之志也夫。

瑞芝堂

张氏家庙，楚藩改为经堂庵。

瑞芝堂记

明　沈如筠[②]

洪武元年四月十有三日，先生来扣我柴扉，左持杖，右执盖。予携手过前溪，至瑞芝堂，松风吹鬓，萝月依人，呼童烹茶。先生《黄庭》[③]一卷，说剑[④]谈玄，真可以调圣贤之心，洗巢、由[⑤]之耳，极不作

① 拜手：古代男子跪拜礼的一种。跪后两手相拱至地，俯头至手。又称拜首。文中指敬礼。

② 沈如筠：元代丞相，退休之后，居于江夏灵泉山，其家族为江夏八大家之一。

③ 《黄庭》：指《黄庭经》，道教的经典著作。

④ 说剑：承上文，“说剑”指谈论道家著作。《庄子》有《说剑》篇，写赵文王好剑，庄子往说之，云：“有天子剑，有诸侯剑，有庶人剑。”劝文王好天子之剑。

⑤ 巢、由：巢父和许由的并称。相传皆为尧时隐士，尧让位于二人，皆不受。因用以指隐居不仕者。洗耳：相传尧让由以天下，不受，遁居于颍水之阳箕山之下。尧又召为九州岛长，由不愿闻，洗耳于颍水之滨。事见《庄子·逍遥游》《史记·伯夷列传》。

空门了浮说已也。日暮，相与披明月而归。

银 瓶 井

在灵泉书院之侧。琴父考其残碑，中有“飞[①]与老母徙居鄂城”云云，彼时银瓶或与祖母同住鄂城，因殇葬此。至飞之死于杭州，距银瓶夭殇之时已远，何至杭有银瓶井？盖后人或因西湖而附会之。琴父记此，留以待证。

银瓶井记

明　张尚德

灵泉书院之旁有井焉，曰银瓶，余不知其井之奚自而名也。明兵部刘公仲廉先生家世居此，少时读书于院中。余揖见公，游银瓶，予问其名。公曰：“昔岳武穆[②]有女曰银瓶，曾投井于是。”予甚鄂[③]然。公指岳碑以示予。予摸其碑以读，其文曰：“予以汤阴[④]民籍属河南，不幸遭世变乱，与老母迁居鄂城，无日不与慈帏相依也。念飞少失怙，老母时勤织，教以读书。飞不敢自暇逸，攻肆[⑤]经史，颇晓意义。适金师犯顺，侵我大宋疆宇。母命飞曰：‘方今朝廷招募奇才勇力，汝盍出力报效，以抒国难？’飞奉母命，投军于将军张所帐下，授以武功，所至辄效，宗泽[⑥]重许为大之才。飞于此时志期除贼以安社稷，数年

---

① 飞：即南宋抗金名将岳飞。

② 岳武穆：南宋孝宗朝，岳飞被追赠为“武穆”。

③ 鄂：通“愕”。

④ 汤阴：汤阴县在今河南省安阳市南。

⑤ 肆：应作“肄”。

⑥ 宗泽：宋名将，元祐进士，靖康二年（1127）任东京（今河南开封）留守，组织朝廷士兵及民间义军抗金，用岳飞为将，屡败金兵。

以来，马到功成，王室粗安。不意重谴以致败公事，伊谁之咎？班师南还，拜见慈颜，不胜感怆。乃复修我墙屋，构书斋于清风园中，读书养亲，以终天年，何庸更担古今之愁哉？”碑文止此。

余读至此间，又恨回禄[①]焚裂，有碑无文。予抚其碑，几为之叹息泪下。刘公细阅，其中有“誓不同天，死不忘君”之句，依稀有无，体认弗真矣。及予之吊银瓶，砖石层封，似基似墓，苔痕侵绿，蔹蔓于域矣。予感此心伤，因叹银瓶之有所以亡者也。有所以亡者，为父之忠于宋而死于桧[②]也。此井之所名也。

寻乐斋

在沙湖峡口，即唐李道宗[③]之紫萼园故基旁，有精一轩、花萼园、卧云馆，为明洪武时张诚[④]读书处，后为宪寝[⑤]。

寻乐斋记

元　沈如筠

简肃张先生筑书斋于灵泉之北，题其亭曰“精一轩”。轩前松柏交荫，泉流清洌，怪石挺立，尘飞不到。余时往来亭中，地厂湖阔山东北吾塘湖，可以开人心胸，豁吾老眼。闻书朗朗如出金石，则张子祐也。盖已潇然神爽，恬然气静矣。轩后曰“花萼园”，园后有馆曰“卧

① 回禄：传说中的火神。

② 桧：指南宋权臣秦桧。

③ 唐李道宗：唐高祖李渊的侄子，追随太宗李世民征战有功，被封为江夏王。详见《旧唐书·江夏王道宗列传》。

④ 张诚：宋名臣张叔夜后代。高宗即位后，封尽忠而死的张叔夜为威灵王。其后人定居于灵泉后，子孙繁衍昌盛。明洪武初，朱元璋征辟天下贤才，钦点张诚为翰林。

⑤ 宪寝：明楚藩宪王的灵寝。

云馆”，盖取东山高卧[①]之意也。时维中和令节[②]，花香柳色，斗弄烟景，而啼鸟且嘤嘤然调笙簧声，予与先生坐列其下，嚼树中雀舌[③]，听枝头鸟声，此乐何极？因更其名曰“寻乐斋”云。

北园寻乐斋张诚书房勉学文

明 张天祐

天生斯民，厥有恒性，而君不可以无教，民不可以无学，故古者圣王承天立极，即建学校，其化民成俗，养之有素也。养之有素，所以治化之隆卓，非秦汉以下所能及。自五代以降，而中原一区每为夷狄所伤，而俎豆诗书者，人或仅识其名，乌识所谓性哉！天运否极，当还夫泰，我太祖高皇帝[④]出定天下，扫金元之余习，复中夏文明之大统，遍为立学惇教，以示偃武修文之意。及我文皇帝[⑤]益隆继述，颁赐《性理大全》诸书，使为师者知所当教，为弟子者知所当学，化民养士之道，皆得其正，故数十年习善俗以成风，取真儒而济用，致治之功，真可与古圣王比隆。猗欤休哉！

士生斯世，得游于学者，宜何如其庆幸而思所勉励耶！必专心致志于性理之学，扩充涵养，渐有所得，使日用彝伦之间遵道而行，居于学则为佳士，处于乡则为善人，列于官则为良臣，内圣外王之学，俱在于是，而德足以正君善俗者，孰非其人哉！苟或惰焉而不学，学

---

① 东山高卧：安然隐居。《晋书·谢安传》载，谢安早年曾辞官隐居会稽之东山，经朝廷屡次征聘，方从东山复出，官至司徒要职，成为东晋重臣。

② 中和令节：中和节。唐德宗贞元五年（789），下诏废除正月晦日之节，以二月初一为中和节。是日民间以青囊盛百谷瓜果种互相赠送，称为献生子。里闾酿宜春酒，以祭祀勾芒神（春神），祈求丰年。百官进农书，表示务本。见《新唐书·李泌传》。

③ 雀舌：茶名。

④ 太祖高皇帝：明太祖朱元璋。

⑤ 文皇帝：明成祖朱棣。

焉而不精，义理不足以胜其利禄之心，以至曲学而阿世者，亦多矣。呜呼！是岂兴学立教之初心也哉？诸弟子敬听之。

含 山 楼

在湖之灵泉山。宋建炎二年，张芸叟[①]避乱构此。元末毁。明初，鹤山吏部[②]重建。前为张氏宅，楚藩废为昭寝[③]。

含山楼记

元　沈如筠

含山楼者，张处士所营也。楼成于宋建炎二年。环庐万点秀峰，绕户一溪碧水，修竹茂林，遍满其地，处士因家焉。元至大[④]间，先生益加修理，构堂而奠先灵，郁然处士之楼也。

筠自屏掷以来，作舍数椽，附于其右，得以高枕丘园，逃名世外，耕稼以输王税，采樵以供微躯，此外复何计哉？顷者六花飞空，着树妆玉，恍然琼瑶世界矣。余虽不能往灞桥寻梅，窃效袁安杜门[⑤]而已。适邹、李二生折梅一枝，携酒一壶，踏雪而来，急召先生同饮。登楼一望，见风卷长空，如春江潮雨之声，倏然间，名山皆似皓首，惟峰头苍松郁然含青色焉。先生喟然叹曰：人生暮景，谅如是乎？余遂欣

① 张芸叟：叟，底本为"荬"，应为"叟"之误。后文直改不注。张芸叟，即北宋文学家、书法家张舜民，字芸叟，自号浮休居士，又号碇斋，邠州（今陕西彬县）人。英宗治平二年（1065）进士。累官至吏部侍郎，曾以龙图阁待制知同州，能文词，嗜画，尤工诗。

② 鹤山吏部：指曾隐居于此的明洪武时吏部尚书张添祐。

③ 昭寝：指明楚藩昭王陵寝。

④ 至大：为元武宗年号。

⑤ 袁安杜门：汉时袁安未达时，洛阳大雪，人多出乞食，安独僵卧不起，洛阳令按行至安门，见而贤之，举为孝廉，除阴平长、任城令。事见《后汉书·袁安传》。本文用此典指身处困穷但仍坚守节操。

然为之记。

含山楼记

明 张 郁

楚有衡岳，控九华[1]、雷山而几席之，揽潇湘、洞庭而潴藏之。其含乎名山大川者，不知几千里矣。灵泉一山，为三楚[2]之首望，居鄂城之雄风，《汉志》以江夏名彼，有取尔也。至唐而有夹山之名，谓两山对峙而二水夹流也。宋世南渡，先人隐居此地。仙师赖公谓宜建高楼以应旺气。张芸叟公，吾之始祖于灵泉也，乃凿地以为基，采杞楠以为栋，上植飞槛，下疏云池，高不过五丈，气可含万象，宋人称为一邑之衡霍也。

余尝升高峰以望之，而见洋洋乎汇于东南者，梁、樊诸湖也；且见巍巍然列于西北者，马、观诸峰也；而两山夹水以盘踞其中者，则灵泉之含山楼也。盖斯数也，春宜吹笙，以鼓萌动；夏宜抚琴，以宣幽滞；秋宜读书，吞天香也；冬宜讲《易》，见天心也。宋元之文人学士，往往流连咏叹于其上焉。然则斯楼之所含者，非独含乎烟云竹树之景，而直含乎古今山川之秀也。观风揽胜者，倘亦有乐取于斯也夫。

蓼莪[3]堂

在湖之灵泉山下，唐孝子李鄘居也，今废于藩寝。鄘母黄氏老疾

① 九华：山名，在今安徽省青阳县。旧称九子山，因有九峰如莲花，故改为今名。雷山：在湖北大冶市城区以西十五公里的陈贵镇境内，是鄂东南重要的风景名胜之一，以神奇的石景而闻名遐迩。

② 三楚：泛指长江中游以南，今湖南湖北一带地区。

③ 蓼莪：《诗·小雅》篇名。此诗表达了子女追慕双亲抚养之德的情思。后因以“蓼莪”指对亡亲的悼念。

畏寒，鄘夜以身贴怀中，口接痰涎，服勤至死，孝闻天下，肃宗旌之。

蓼莪堂记

明　辜　皋

江夏古称忠臣孝子之乡也。东六十里有山曰灵泉，万树如烟，一溪若碧。北山之下多巨族大家，惟张氏居得山水之胜。其中有含山楼，右为秋风亭，左为春露亭。东西有二井：东井以观晴，西井以占雨。邹、沈二家所谓双龙眼是也。朝阳坡下为杜公居，而巍然居其上者，则宋高宗所建之忠文祠在焉。祠前去为大观桥，环顾琴台在含山楼左，见南山当户如画屏焉，流水绕门如襟带焉。遥望西山，松楸连绵，烟云不断。或倚山为亭，随水为轩，以参差错落于山腰断岩之间者，唐人所谓万卷书楼其在是欤？过金龟园黄氏掘地得金龟至黄獭陵曾泰葬此，览山峰嵯峨，隐隐隆隆，绿树苍深之中有仕宦居焉。其间梧桐引道，松竹盈垣。绕户而入，曲槛回廊之中，有小月池，樊子[①]之玩月池也；有大月池，董子之玩月池也。左为玉书楼，右为蓼莪堂。玉书楼者，曾泰读书之处也；蓼莪堂者，李鄘事亲之堂也。堂之以蓼莪名也，肃宗[②]褒之以旌孝也。迄于今李公往矣，而蓼莪犹在；忠文逝矣，而庙貌如故。后之登斯堂、履斯祠者，盖不胜忠臣孝子之感矣。是此山之所以足志也。

白云阿亭

在湖之灵泉，因寺基名自在阿，又名白云阿，故以名是亭，即灵泉寺旧基。

---

① 樊子：樊姓为江夏八大家族之一。下文董子亦为八家之一。

② 肃宗：指唐肃宗李亨，756—762年在位。

白云阿亭记

明　李时亮

太虚之中，舒卷无心者云也。云之变化，其为雨乎？为龙乎？俱不可知。灵泉山阿中有窝焉，常出白云。云见于天，则龙腾于上；雷鸣于空，而雨散于郊。是云者，山川之气，造化之迹，而未有定在也。其来也，吾不知其来；其去也，吾不知其去。其去来无定，以消归于无何有之乡[①]者，仍然太虚之无心而已矣。吾因作亭以名之。

春露亭

在含山楼侧，宋张芸叟所建，今废为昭寝。

春露亭记

元　沈如筠

六月，夏蝉噪林。春露亭前，池莲竞放，香风入座。张子天祐侍立其旁，先生命赋诗。诗成，颇能洗清俗态，超然尘外之想。命鼓琴箫瑟，雅淡铿鉴[②]然，真太古遗响也。弹罢之顷，顿觉暑气尽消，而衣裾间融融带翠色矣。

秋风亭

与春露亭相对，秋风亭在右，今废。乃秋冬游咏之所，沈如筠建。

---

① 无何有之乡：指空无所有的空洞而虚幻的地方。见《庄子·逍遥游》。

② 铿鉴：应作“铿铿”。

秋风亭记

元　沈如筠自记

时维九月，白雁催秋，拂层云而竞响；黄花应节，冒九月以重开。予见两岸青松，一溪流水，无时不在目中，凭栏纵观，宛然辋川画图[①]也。予与先生张诚朝而玩山，夕而听泉，徜徉以乐余生，相与终此亭也。

听松阁

在湖之灵泉山观音阁左，两山排搁[②]，万松摇绿，溪水绕前。每秋际风声最幽，西爽[③]愈佳。

听松阁记

元　沈如筠

诘旦宿雨初晴，三峰翠色如染。予与先生张诚偕童子五六，携小榼[④]，踏芳垌，以细草作茵褥，湖水供清茗，鸟声比管弦，花枝当酒筹。乐哉！斯游何减兰亭哉！回顾白云深处，有寺存焉灵泉寺，攀卧石而上，莺梭如织，松涛若惊。予听之悠然。布席地而坐，渐觉桑柘影斜，村社将暮。已而呼童子，履山椒，望丰禾，遥瞻秀色插天，霞光

① 辋川画图：唐诗人王维绘的名画。绘辋川别业二十胜景于其上，故名。唐朱景玄《唐朝名画录》："〔王维〕画《辋川图》，山谷郁盘，云水飞动，意出尘外，怪生笔端。尝自题诗云：'当世谬词客，前身应画师。'其自负也如此。秦太虚云：'余卧病，高符仲携《辋川图》示予曰：阅此可以愈病。予甚喜，恍然若与摩诘入辋川，数日而疾愈。'"

② 搁：应作"闼"。

③ 西爽：谓西方清新空气使人畅快舒服。语出南朝宋刘义庆《世说新语·简傲》："王子猷作桓车骑参军。桓谓王曰：'卿在府久，比当相料理。'初不答，直高视，以手版拄颊云：'西山朝来，致有爽气。'"

④ 榼：盒类容器，可盛食物。

照人，至听松阁而休焉。

问 月 轩

在沙湖之东灵泉山下。

问月轩记

明 张 辂

灵泉山势盘旋，烟云万丈。湖中有月，岭头有松。门栽千柯竹，水蓄一池鱼。春种百亩田，秋饮百花酒。时与三四良友、一二知己，或谈典故，或讲时务，或高山玩水，以适性情，既无客俗，又少喧尘。亭中微吟，楼上高歌，题其室为“自在居”，为“安乐窝”。

闲 闲 亭

灵泉寺有闲闲亭，唐僧百嵓如晓题诗二句，明张天祐续上二句，共成一绝，颇有佳趣：“闲亭芳草溪边幽，一带青山作画图。只有白云闲不得，时时出没万峰头。”

闲闲亭记

明 张天祐

宇宙之境，皆劳人之境也。扰扰尘寰之中，无一闲地，无一闲人，其不得以“闲闲”名也，审矣。惟山林泉石之境，车马所不至，宠辱所不惊。士处其间，逍遥于岩穴之中，出没万峰之巅，览天地皆动而吾心自静，万物皆劳而吾心自逸。俯仰之间，俗情悉捐，风月可玩弄也，烟霞可啸傲也，行云流水可排遣也，翠柏苍松可坐卧也。吾亭之以“闲闲”名也，庶几足以近是云。

闲闲亭记

唐　僧如晓

予幼寄山谷间，窗有竹，门有松，砌有闲花，庭有怪石，墙角有梅，篱边有菊，中有蒲团，旁有瓦灯。行则随行，卧则随卧，额之曰“闲闲”亭，更歌之曰：“只有白云闲不得，时时出没万峰头。”

灵　泉

在湖之灵泉山。汉末桃仙云：此灵泉也，不可凿，凿之，则大雷雨至矣。唐天宝末，李舍人暄居此，凿之，果验。此灵泉大旱不涸，阴则云雾覆其上。

灵泉记

唐乾宁元年　李景望作于白云阿

泉以灵名，非有蛟龙之兴处而后为灵也。兹泉之灵，以山能兴云雨、致风雷，而始名为“灵”耳。凡泉皆有源，有源必有流，有源有流，而后清浊攸分焉。斯泉无源亦无流，无清亦无浊，其色碧绿，其味甘美，烹茗香，浣衣洁，洗目明，濯肤泽，不与凡水类，其泉之灵也如是。汉末有桃仙者，善卜也。寻龙至此，见两岸如门环、似锋锷，有二巨石似獬兽[①]状，泉涌然在盘阿中。桃仙曰：“此灵泉也，不可凿，凿则雷雨至矣。”递天宝之末，予家命匠人凿房基，雷雨大作，工半载，室乃成，泉复从石脊中流出如液，深知灵气损矣。于是引泉于厨，宛然一池，虽旱不涸，天阴有云雾覆其上，始信桃仙之言为不谬。

---

① 獬兽：獬豸，传说中的异兽。一角，能辨曲直，见人相斗，则以角触邪恶无理者。古人视为祥物。

龙泉叙

明　沈宝之

盖名不虚立，实有由至。余南山之有灵泉寺，原名也。其后寺僧李无怀高才博学，宋太祖时屡试不第，因削发为僧。至神宗三年，与帝相参拜，为国师，且建有亭，有序，后为辽兵所毁，只有碑文。然则寺名之为灵泉，自晓然始也，灵泉之为龙泉，由无怀改也。无怀谁？宰相李景望之后也。

龙　池

在湖之灵泉山上，有池，古称龙池。

卓刀泉

在御泉寺，传为关公卓刀得此。康熙癸酉，国柱陈慎庵题关圣庙诗：“三十年前鄂渚游，卓刀泉上楚天秋。云连赤壁千峰迥，日射沧江万古流。乐广[①]余风悲夙昔，羊公[②]遗爱在松湫。闻知庙貌凌霄汉，梦绕兰皋杜若洲。”

桃　溪

在卓刀泉侧，楚宗五岳别墅也。环溪种桃，郭正域皆赠以诗。

清风洞

在沙湖马鞍峰东，石莲峰左去，洞中别有幽趣。

---

① 乐广：晋代名臣，曾任尚书左仆射，为政有远见，遗爱每为人所思。

② 羊公：指晋羊祜，其德政为民所念。

张公洞

在灵泉山上，其中深远有仙境，可称洞天福地也。

云游洞

在来王山。民国十四年八月，琴父偕丘镜川游沙湖，见山上有白云如游行状，近视，乃一洞，深入，有石室，年久不可稽，出洞口，白云依然，遂名。

闻泉亭

在卓刀泉侧，扬闻泉建。石上流泉，声不绝耳。

石上有清音，滴滴响泉，不妨入耳；

山中无别调，涓涓流水，可当鸣琴。

琴父拟联

望书亭

在待驾山。琴父客鄂三十年，甲子秋，江浙乱，邮电不通，怀家书，作此亭。

三十年岁月易过，瓯海[1]风云，时劳魂梦；

数千里音书遥阻，沙湖鱼雁，幸报平安。

琴父拟联

水心亭

在湖之西南，俗名潭底。四面皆水，风月无边，游人到此，常作

① 瓯海：指今浙江省温州一带。

竟夕之谈。

四面湖山，教人去人来，南北东西争唤渡；

一天风月，管亭长亭短，后先左右总无边。

琴父拟联

白鸥亭

沙湖多白鸥，渔人惯以网捕。琴父劝止之，鸥愈多。

听笛隔江头，忆昔仙乘黄鹤去；

消闲来湖上，问今谁与白鸥盟。

琴父拟联

羡鱼亭

沙湖水清浅，琴父放以红鱼，蘋藻之间，群为之戏，知鱼之乐者，坐而观之，莫不歆羡。

网面三开[1]，无数生机，皆向兴朝争献瑞；

龙门一跃，许多化迹，好随云雨共飞腾。

琴父拟联

惜阴亭

在花山陶墓[2]侧。

俭以养廉，勤能补拙；

---

① 网面三开：用商汤仁德的典故表达养鱼之乐。《史记·殷本纪》："汤出，见野张网四面，祝曰：'自天下四方，皆入吾网。'汤曰：'嘻，尽之矣！'乃去其三面，祝曰：'欲左，左；欲右，右。不用命，乃入吾网。'诸侯闻之，曰：'汤德至矣，及禽兽。'"

② 陶墓：指陶侃之墓。

光阴似箭，日月如梳[①]。

琴父拟联

黄鹄亭

在洪山宝通寺背后，有亭名“黄鹄”者，因矶名“黄鹄”，故以“黄鹄”名是亭也。

洪山终古留仙迹；

黄鹄如今结佛因。

琴父拟联

浪花井

洪山无影塔下有浪花井，常沸涌如浪，其脉通江。

古无影塔

在洪山黄鹄矶上，高不三尺[②]，每日返照，略不见影。藏骨者，不知谁何也。

宝通塔

洪山宝通寺后，传为唐贞观中尉迟敬德[③]所建。陈大章《洪山四

---

① 梳：疑应作“梭”。

② 高不三尺：无影塔今尚在，已移建于洪山南麓洪山公园。参照此塔高度，“三尺”当为“三丈”之误。

③ 尉迟敬德：唐初名将尉迟恭，字敬德，贞观四年封鄂国公，曾受命修建鄂州（今武昌）城。

咏》亦沿其说，《湖北金石存佚考》[1]得《塔记》，足以证明矣。

书云塔

拟在待驾山建此塔，以壮凌云之气。

九九塔

拟在龙山筑此塔，作为重阳登高纪念。

重阳楼

拟在湖之龙山建此楼，逢重阳节登高望远，有风雨满城之感。

风雨满城，正佳节重阳，凉秋九月；

楼台倒影，看碧梧叶落，黄菊花开。

琴父拟联

宛在楼

拟在湖之当面琴堤中筑此楼，可眺四面湖山风景。清秋月满，登斯楼上，俨然霄汉间也。

坐观秋水长天，浩浩洋洋，忽有飞鸿空际落；

遥听江城玉笛，飘飘渺渺，杳无仙鹤望中回。

琴父拟联

---

① 《湖北金石存佚考》：此书作者为陈诗（1748—1826），字观民，一字愚谷，号大桴山人。蕲春人。清朝学者。乾隆三十九年（1774）乡试第一，后中进士，授工部主事。曾主讲江汉书院二十年。所著七百余卷，主要有《湖北方域志》《湖北旧闻录》《湖北金石存佚考》《湖北诗文载》《历代地理志汇纂》《史外丛谈》《大桴山人诗文集》等。

镜川台

在湖中浴鸥岛上，水天一色，澈底澄清，月镜团圆，尤其光朗，丘君浚川拟监修。

逝者如斯，把三十里湖光尽收眼底；

明可为鉴，经几千年波浪洗净心头。

琴父拟联

永嘉别墅

湖之凤尾堤，琴父寄迹于此，与世无闻，如在汾上①，山水清秀，与永嘉相似。

生平只喜好名山，雁荡龙湫②是我家产；

斯世难寻极乐土，琴堤水月近居士林。

琴父拟联

琴堤

在湖之中央，堤上有雁桥、金锁桥、玉带桥，谓之三桥，两旁栽秋柳、芙蓉，绝胜景也。

引胜桥

凡游沙湖者，由沟口至歌笛村，必先经过此处，乃引人入胜之初步。在琴园路、湖山路之中。

---

① 汾上：神仙隐居之地。典出《庄子·逍遥游》。

② 雁荡龙湫：浙江省乐清雁荡山龙湫瀑布。

恨　　石

在逻迦山金冢下，临湖有怒形。琴父为金月英抱恨题此。

浪 淘 石

离浴鸥岛不远，宛在水之中央。淘尽古今波浪，成此坚僻之态，真奇石也。又名枕流。

浴 鸥 岛

沙湖之中有岩石，磊落不凡，似非尘俗所到。水清如镜。琴父见白鸥皆浴于此，遂名。

玉 锁 岩

湖之东行山腰，有岩如锁，古称玉锁岩，以其形似也。

磨 刀 矶

梁子湖有石矶，相传关公磨刀于此。

摩　　崖

洪山有摩崖，宋庆元元年赵淳识。康熙癸酉，王以宁登眺得之。

静 春 台

摩崖方丈上刻有“静春台”三字，淳熙壬寅刘清之题。

楚昭王碑

灵泉昭寝有碑，高数丈，楚王季埙撰文。

正觉寺宗派源流四至碑

九峰正觉寺，明天顺三年敕赐，在寺后狮子峰侧建碑。

诗　　碑

明太祖谕僧无念诗。洪武三十年建诗碑于正觉寺。

东　　岩

古有东岩诗刻，在洪山寺后悬石上，有“几处稻梁[①]喧鸟雀，数声钟磬起渔樵”之句。

洞宾仙迹

紫荆山西石壁上有卧迹，今山北石刻“洞宾仙迹”四字。

白　云　洞

在八分山南，洞上刻“无梁殿”三字，传为熊襄愍[②]手笔。郭文毅[③]有《白云洞诗》见《黄离草》。咸丰中，罗忠烈[④]题“水流云在”四字，常驻军于此。

---

① 梁：应作“粱”。

② 熊襄愍：指明代湖广江夏（今湖北武昌）人熊廷弼。

③ 郭文毅：指郭正域，谥文毅。

④ 罗忠烈：清咸丰年间，罗泽南曾驻军于此，题有“水流云在”摩崖石刻。罗泽南谥忠节。底本疑误。

长山烈妇碑

在马鞍山下长山铺，有烈妇冢，其碑高丈许。烈妇不知何许人，或曰姓范，又云姓邬。清顺治乙酉，一跛男子携妇担釜甑自襄郢[1]逃难至此，佣工自给。男因病厖僵毙，妇无力埋。有少年傅某欲偶之，属老妪说妇。绐曰："若能瘗我夫，便当以身适。"少年喜，即舁尸至后山，掘坎置尸，将覆土，妇随投坎，抱尸恸哭，触额流血。群挽之，不起。适天暮雨至，少年等委去而归，意妇必自起。诘朝往视，妇已死，搂抱如故。群悼之，摞土成高冢，里人为之立碑。

贫穷气节风霜色；

恩爱夫妻骨肉香。

琴　园

湖之西。永嘉任桐字琴父，前清游宦至鄂，隐居沙湖，建此园于沟口。其间花木景致，分为四时。回廊曲折，如入无穷之境。点缀山水，布置楼台，以及题咏楹联，皆自作自书。陈设名人字画、金石古董，无不精致。凡游览斯园者，兴会淋漓，似有留连忘返之感。

琴园叙

琴父自拟

余籍隶浙之永嘉，幼时钓游，每与山水为缘。尝思举宇内丘壑之雅者，罗列左右，昕夕晤对以为乐，以故旧庐虽有台池亭榭游观之美，规制陋狭，景物萧疏，既不足以动幽赏之吟咏，复不足以助风雅之修

① 襄郢：泛指湖北省襄阳、江陵一带地方。

禊[①]，是以余怀终未惬然。嗣游览海内名胜，足迹所至，必留心讲求，如袁子才随园[②]、俞荫甫曲园[③]、姑苏留园[④]、都门之万牲园[⑤]，以及中外各公园，非穿插密而少空气，即规模大而无结构。他如北京颐和园，其装设虽精美，然过于华丽，犹嫌有富贵气，均非余所乐观。

余宦鄂十余载，嗟狂澜之莫挽，视富贵如浮云，早欲从事山林。辛亥鼎革后，寄居武昌沙湖，不闻世事，自号沙湖居士。琴父，余之别字也。徜徉乎林泉，优游乎岁月，而人莫余知。迨民国六年春，于武胜门外五里许、黄鹤楼之北、歌笛湖之西沟口地方，购地百亩，筑琴园。园之正面适对大别山，有伯牙琴台[⑥]。或以余向往古人，故名琴园，不知斯园也，琴父筑之，琴父居之，乃以己字字之者。盖余之乐在乎高山流水间也。

园之东滨沙湖，南达江夏，西接长江，北近青山，四顾山川灵秀之奇，实有美不胜收之概。甫入门，林木花鸟之佳，清幽潇洒之致，悦目怡情，超然无虑。路分左右，径转曲廊，凿池为沼，叠石为山，缘溪架桥，水阁平分。更前行有大厅，额曰"乐乐"，陈设琴瑟、钟鼓、鼗磬、柷敔[⑦]之类，俱古乐器，以期好古之人而正天下之声。又有镜花台，奏古乐、舞八佾[⑧]，为当世雅人君子所共同观感者，未始非移风易俗之一助。有诗窟，收藏诗书字画以供玩好。有不食鱼斋，虽武

---

① 修禊：古代民俗于农历三月上旬的巳日（三国魏以后始固定为三月初三）到水边嬉戏，以祓除不祥，称为修禊。

② 袁子才：清诗人袁枚（1716—1798），字子才。随园是他修筑的园林。

③ 俞荫甫：清学者俞樾（1821—1907），字荫甫。曲园为俞氏园林。

④ 姑苏留园：苏州留园，为中国四大名园之一。现为全国重点文物保护单位。

⑤ 万牲园：早期北京动物园，有园林之胜。

⑥ 伯牙琴台：今武汉市汉阳区琴台风景区。

⑦ 柷敔：乐器名。奏乐开始时击柷，终止时敲敔。一说二者同用以和乐，不分终始。

⑧ 八佾：古代天子用的一种乐舞。佾，舞列，纵横都是八人，共六十四人。此代指古典舞蹈。

昌鱼之美，不烹以感佛化[①]。有花冢，昔余葬花于此，作《花冢记》，叙十二花神梦甚详，建十二花神宫，是其缘由也。石曰飞鸿、曰云影、曰听诗叟，状其形也。泉曰响泉，涓涓有声也。

此外分为四时，各就时令点缀风景，或题或咏，皆有所寄托。春则天朗气清，有长堤若西泠之苏堤、白堤，名其堤曰花柳塘，一花一柳，暗暗明明，路为之迷。额其屋曰“桃源春晓”。燕语莺歌，不绝于耳。堤之东为烟雨亭，过去来桥；堤之西为鸳鸯亭，过锁烟桥，回环曲折，邈若无穷。有楼曰听雨，十里杏花，盈盈在耳。堂曰春草，余尝梦弟亮甫[②]，情之所感，犹康乐[③]之于惠连，池塘春草，具在目前。且堂与汉阳遥遥相对，芳草萋萋，如鹦鹉洲。有桃花坞以迎春风，有千尺潭以寄深远。向西南是桃花源里人家、留香水阁，游至此，恍如世外。此春景之恰如人意者，正足以畅叙幽情也。夏则荷花盈水，沿堤行，水中有台二，分植梧桐，如荷叶之亭亭玉立，故谓之“亭亭”。左右修竹，有竹院吟风，每当酷暑，可以纳凉。有观鱼台，知鱼之乐，可悟化机。更有山外楼，眺望青山，相去不远，正如“倚楼无语欲销魂”[④]，别有会心。此夏景之日长人静，犹蝴蝶之不随春去也。秋则梧叶之声，风月之佳，谁不思家？将偏屋题曰“客窗”，亦以寓“浊酒一杯家万里”[⑤]之意。有月榭曰一天秋，其厅曰月圆人寿。约二三知己，歌舞中庭，不亦升平乐事乎？厅之对面为出尘阁，讲佛经，高凌太虚，登斯阁者，目空大千世界，一尘不染。水名雁荡，山名雁山，

---

① 佛化：佛的教化。此谓不食水族。

② 亮甫：任桐弟任宏洸，字亮甫。

③ 康乐：指南朝宋文学家谢灵运。惠连：指南朝宋谢惠连。惠连幼聪慧，族兄灵运深加爱赏。

④ 倚楼无语欲销魂：寇平叔《踏莎行·春闺》中的词句。

⑤ 浊酒一杯家万里：宋范仲淹《渔家傲·秋思》中的词句。

以吾瓯南山雁[①]山水甲天下，仿其形胜而聊当卧游。其南由凤凰桥至广寒亭，其北由霜桥至香雪亭，四围种桂花、枫叶、芙蓉。折行至西北，入平沙水榭，听沙湖上多落雁声，此秋景之疏疏密密，故令人感慨流连于其间也。冬则岭上植梅数百本，过度春桥，清香扑鼻。壁上留题"鼻世界"三字，读姑苏吴退衲先生《咏鼻世界》句"梅花万树鼻功德，翻得华严世界[②]来"，特为此三字写照。桥边有柏树，称之曰旧树，因未有是园而先有是树，留为不朽之纪念。转角之冷香簃、锄月馆、卧雪轩，皆冬日御寒处。山下有康乐桥、留屐山庄，怀谢客[③]之流风，写故乡之韵事。山之通幽处有一洞，仿佛武陵源，名曰飞霞洞，步步引人入胜。出洞口不数武，则将山穷水尽焉。忽见乎奇岩磊落，古树苍萋，若有林泉之趣者，曰长生谷。向北过三叠桥，有问渔亭在焉。回望山头云影，林树参差，似云里有人家。朝夕过此，望云思亲，自题曰"白云深处"。此冬景所以经岁寒而不凋者，愿人人共乐此长春也。

四时之景不同，四时之乐何如？每至一处，必有一处之风景，有一处之题咏，如碧天秋思、雪窗新语、渔樵问答、鸥鹭忘机[④]，要皆隐逸者之辞。嗟乎！衡门栖托，泌水优游[⑤]，敝屣轩冕之荣，蹑屐烟霞之境，垂纶于矾畔，高啸乎崖巅，志气轩飏，襟怀洒落。其人胥托以逃

① 此处底本疑误，瓯南是区域名，承上下文，"山雁"作"雁荡"为妥。

② 华严世界：佛教语。法身佛毗卢遮那的净土。以大莲花中包藏微尘数的世界，故名。

③ 谢客：指南朝宋谢灵运。灵运幼名客儿，故称。宋林逋《池上春日即事》诗："已输谢客清吟了，未忍山翁烂醉归。"

④ 鸥鹭忘机：《列子・黄帝》："海上之人有好沤鸟者，每旦之海上，从沤鸟游，沤鸟之至者百住而不止。其父曰：'吾闻沤鸟皆从汝游，汝取来，吾玩之。'明日之海上，沤鸟舞而不下也。"指人无巧诈之心，异类可以亲近。后以"鸥鹭忘机"比喻淡泊隐居，不以世事为怀。

⑤ 衡门栖托，泌水优游：过悠闲自得的隐居生活。语本《诗・陈风・衡门》："衡门之下，可以栖迟。泌之洋洋，可以乐饥。"

焉，嫉邪愤世，抑郁牢愁，歌咏讴吟，别具衷曲，貌为行乐，而实以写其忧。余则非其伦矣，寄情山水，适吾天倪[①]，枕石以听泉声，迎风而寻松籁，鸣琴在天，画图入目，旷然骞远，乐以忘忧，此余之志也。

敢述颠末，以志缘起。尚希大雅宏才，鉴兹微意，宠以佳章，借补风光，遗留鸿爪，庶几蕞尔琴园得与鄂渚并寿，不仅生色一时已也。此则桐所祷祝以求者矣。

① 天倪：自然的分际。《庄子·齐物论》：“何谓和之以天倪？”郭象注：“天倪者，自然之分也。”

人　　物

汉

樊　哙

沛[1]人，以屠狗为事，与高祖[2]俱隐于芒砀山泽间。陈胜初起，萧何、曹参使哙迎高祖，立为沛公。后攻秦，屡先登有功。沛公入咸阳，欲居秦宫室。哙谏，乃还军霸上。项羽会沛公于鸿门，范增谋杀沛公。哙持盾直入，谯让羽。是日微哙，沛公几殆。及定天下，累迁左丞相，封舞阳侯。卒谥武，墓在灵泉山。

墓　碑

明　张　聪撰

余少时至天马峰下，昭寝后山有“汉将军樊侯之墓”七大字，半为苍苔所掩。有一石，高八尺，又题“武阳侯”三字。聪阅进士樊时中《谱》云：侯是哙之墓。哙母墓在武邑樊山，观者辨焉。按哙产于徐州，似不葬此。据今父老所传，云是武阳侯之称，则灵泉为哙墓而无疑矣。

---

① 沛：今沛县，在江苏省徐州西北。
② 高祖：汉高祖刘邦。

明弘治年间，楚王营昭寝，掘墓志，果是樊哙之墓。棺木宛然，紫荆袍棺，气如云蒸，下有二白石似玉。忽然阴云密合，狂风触人，隐隐有雷声。楚王见哙形，心惊伏地，不能仰视。许以重祭，葬之寝东，如王礼。明　邹继鲁

世传樊哙武阳侯墓下有一石碑，题云："地本楚王地，权借五百年。楚王来到此，移我在西边。"楚王怪其言，偏移在东。掘地，又得一石碑云："西边如不许，东边任尔迁。"遂葬于东边。由是人皆竞传以为异，而窃有疑矣。沈宝之

樊氏谱

明　张添祐

汉武阳侯樊哙产于除汾[①]。幼而学剑，有大志。略长而从沛公游，致成帝业，身受封侯之荣，此岂匹夫事哉！然论者称哙乃屠狗之辈，盖渺乎小人之言也夫。夫击剑扛鼎之雄，固力士所优为，而百战殊死力，一言屈群策，即智勇又何以加！吾观鸿门饮宴，沛公危如累卵。哙侍其傍，一时英雄怒目敛手，而莫敢无礼于汉高之前，世亦知哙为何如人哉！

樊时中之《谱》出哙之苗裔，相传武昌为哙封侯地，故有武阳樊侯之名，樊山、樊湖之称是矣。说者谓灵泉为哙墓，樊山为哙母墓，樊氏子孙所世守而祧祀[②]之者。予甚然其说。余先世祖张芸叟自宋建炎至灵泉，得樊氏故地，其樊姓衰微也。无几，则知此地为哙地，奚疑。今樊君时中，洪武甲子获乡荐[③]，非将相之姿、崛起之英而能魁梧

---

① 除汾：疑为"徐沛"之误。

② 祧祀：祭祀远祖。

③ 获乡荐：乡试中式为领乡荐，即考中举人。

奇槐[1]若是也耶？时中属予为之作传。予曰："勿庸也，请登诸谱，使子孙能知其由，不尤愈于作传乎？"时中唯唯："请公记其事，为我书之。"然则后之读樊氏谱者，其亦知我寓传于谱、寓谱于传之意也夫？

黄　香[2]

字文疆，九岁失母，思慕憔悴，人称至孝。父举孝廉[3]，为郡五官，贫无奴仆。香躬自勤苦，尽心供养，暑扇床枕，寒以身温席。年十二，博学通经史，能文章。太守刘护闻而召之，初除郎中。章帝元和元年，诏诣东观[4]读所未见书。帝顾诸王曰："此所谓天下无双江夏黄童者也。"安帝延光元年，迁魏郡太守。著赋、笺、奏、书、令凡五篇，祀乡贤。《通志》谓香墓在安陆。又传墓在房县西门外。《汉名臣传》[5]黄琼《自叙年谱》：里居江夏太平里，即黄公乡。

黄　琼

字世英，魏郡太守香之子也。永建初，征拜议郎，迁尚书令。永兴九年[6]，拜为太尉，举奏州郡贪污至死徒者十余人。寻以五侯擅权[7]，

① 奇槐：疑为"奇瑰"之误。

② 黄香：《后汉书・黄香传》称黄香是东汉江夏安陆人。

③ 举：察举，为中国古代选拔官吏的制度。由官吏荐举，经过考核，任以官职。孝廉：孝，指孝悌者；廉，清廉之士。分别为统治阶级选拔人才的科目，始于汉代，东汉时尤为求仕者必由之途，后往往合为一科。亦指被推选的士人。

④ 东观：东汉洛阳南宫中之藏书处。

⑤ 《汉名臣传》：清国史馆编。

⑥ 永兴九年：永兴，东汉桓帝刘志年号，该年号仅两年。据《后汉书・黄琼传》："（黄琼）永兴元年迁司徒转太尉。""九"当为"元"之误。永兴元年为153年。

⑦ 五侯擅权：东汉桓帝时中常侍单超、徐璜、具瑗、左悺、唐衡等五个太监助皇帝捉拿专权的外戚大将军梁冀，受到皇帝信任，同时封侯。而后五人把持朝政，时称五侯擅权。见《后汉书・单超传》。

引疾不起。卒赠车骑将军，谥忠侯，墓在太平里。汉、唐古志谓在青石邑，今其有青石铺，或“邑”为“驿”之讹。

黄　琬

字子琰，琼之孙。父早丧，少辩慧。建和元年，日食，太后诏问所食分数[①]。时琼守魏郡，难其对。琬方七岁，侍侧，曰：“何不言日食之余如月之初？”即以应诏。司空盛允有疾，琼遣候之。会江夏土蛮生事，戏曰：“江夏大邦，蛮多土[②]少。”琬曰：“蛮夷猾夏，责在司空。”允甚奇之。稍长，拜五官中朗[③]将。光禄勋陈蕃深相敬待。显用志士，为权富郎所中伤，陷以朋党，蕃坐免官，而琬亦罗禁网几二十年。光和末，太尉杨赐荐之，拜议郎，擢青州刺史，迁待[④]中，历太仆，出补豫州牧。值寇起，琬讨平之。征为司徒，迁太尉。后董卓秉政，琬谏迁都，曰：“大业既定，岂宜妄动，以亏四海之望。”卓怒之。琬曰：“白公作乱，居庐冒刃[⑤]。崔杼弑君，晏婴不惧[⑥]。吾何忧？”竟坐免。后拜光禄大夫，及徙西都，转司隶校尉，更封阳泉乡侯。同司徒王允谋诛卓。卓将李傕、郭汜攻破长安，收琬下狱，死。墓在永丰

---

① 分数：天文学术语。对于日全食和日环食，月轮直径与日轮直径之比称为食分。对于日偏食，食分则指食甚时日轮直径被遮部分占日轮直径的分数。

② 土：应作“士”。

③ 朗：应作“郎”。

④ 待：应作“侍”。

⑤ 白公作乱，居庐冒刃：鲁哀公十六年（前479）楚国白公胜叛乱，杀死了令尹、司马，白公胜拔剑威胁屈庐，要屈庐参与叛乱，屈庐宁死不从。“居”，《后汉书·黄琬传》《郝氏续后汉书》均作“屈”。

⑥ 崔杼弑君，晏婴不惧：鲁襄公二十五年（前548）齐国大臣崔杼杀死齐庄公及一些大臣。齐相晏婴的随从要他走避一下，晏子不从，赶到崔杼家，头枕着庄公尸体的大腿号哭。有人要崔杼杀晏子，崔杼说，晏子是百姓所向往的人，放了他，可以得民心。事见《左传·襄公二十五年》。

里黄柏山下。

晋

陶 侃

字士行，鄱阳①人。吴平，徒家寻阳②。早孤贫，为县吏。庐江太守察侃为孝廉，刘弘辟为南蛮长史。在江夏太守任，先后讨平张昌、陈敏、杜弢、苏峻。官至待③中、太尉，封长沙郡公，加都督交广宁七州军事，拜大将军。在军四十一年，雄毅有权，明悟善决断。自南陵迄于白帝④，数千里中，路不拾遗。

尝刺广州，在州无事，朝运百甓于斋外，暮运于斋内。曰："吾方致力中原，过尔优逸，恐不堪事，故自劳尔。"后转荆州刺史。尝语人曰："大禹圣人，乃惜寸阴。至于吾人，当惜分阴。"诸参佐以戏谈废事者，命取其酒器、蒱博⑤之具，悉投之于江，将吏则加鞭扑，曰："摴薄者，牧猪奴戏耳。"尝造船，其竹头木屑，侃皆令借而掌之。人不解所用，后会积雪初晴，厅前余雪犹湿，乃以木屑布地。及桓温代蜀，又以侃所贮竹头作钉装船。其综理微密皆此类。年七十六卒，谥桓。墓在灵泉山半里许小花山下。

---

① 鄱阳：地名。春秋楚番邑，秦置番县，汉改鄱阳县。在今江西省东北部。

② 徒：应作"徙"。寻阳：今江西省九江市。

③ 待：应作"侍"。

④ 南陵：在今安徽省芜湖市南部。白帝：古城名。故址在今重庆市奉节县东瞿塘峡口。

⑤ 蒱博：摴蒱，也作"摴蒲"，下文写作"摴薄"，为古代的一种赌博游戏。

陶　母

新淦[1]人，姓湛氏。侃父丹聘为妾，生侃。侃少为寻阳县吏，尝监鱼梁[2]，以一鲋鲊遗母，母封鲊及书责之。范逵尝过侃，时大雪，母剉所卧荐以饲马，又密截发以易酒肴。逵闻之，叹息曰："非此母，不生此子。"

孟　宗

字恭武，三国时世居沙湖孟城。白鹤山下有哭竹亭。天性纯孝，官至御史，赠司空，祀乡贤，墓在凤凰山母冢畔。一说阳新有宗墓。

孟孝子传

明　张必贵

尝读孟氏传，而知忠孝本乎性成也。汉贤士孟若翁，世居江夏。微时耕于孟城之野，渔于南浦之湖即沙湖。性喜读书而又爱种竹，竹长千竿，人号"孟氏里居"。翁生宗，字恭武。教之习汉帖[3]，笔走龙蛇之腕；教之读《周易》，学参议文[4]之奥。著衍义而绍绝传，世称孟氏之《易解》，此家学之渊源也如是。

而尤可异者，天性纯孝。宗生数载，父与食，必跪而受膝前。母

① 新淦：县名，今名新干，在江西省西部。

② 鱼梁：拦截水流以捕鱼的设施。以土石筑堤横截水中，如桥，留水门，置竹笱或竹架于水门处，拦捕游鱼。

③ 汉帖：由汉代碑文临摹的碑帖。汉代碑刻，碑文字体以隶为主，碑额文字多用篆书。汉碑（包括拓本）流传甚多。

④ 议文：当为"羲文"之误。伏羲氏与周文王的并称。《后汉书·班固传下》："今论者但知诵虞夏之《书》，咏殷周之《诗》，讲羲文之《易》。"李贤注："伏羲画八卦，文王作卦辞。"

曰："儿勿跪母为郭孝子之姑。"母以乳食，亦如之。稍长，勤于洒扫，即知代劳。种蔬钓鱼，以供甘旨。夜则诵读，弗无怡然于庭也。亲老，坐必执几，行必执杖，其孝养之气依依可树也。父没而葬之，剪藤抽薪，不留土壤，四时拜奠，哀不自胜，虽隆冬溽暑亦然。母曰："丧逾三年，哀可已矣，若之何逾礼也？"宗曰："吾伤之。吾不忍其在土也。"母年渐衰，垂白于堂。宗当寒夜，必拥衾蒙足而卧，汤火之具弗绝于帏，稍不豫，辄掩泪沾襟，如不欲生也。及母容渐颐，欢忻鼓舞，如出望外。母有眼疾，宗餂目生明。母知卦蓍而好楼居，宗妻黄氏出妆资买宅于凌湖之南。其地宽平，筑土为垣，内植花卉，母顾而乐之曰："所少者，井与亭耳。"宗鸠工为亭。母曰："亭何名？"宗曰："孟母亭。"母曰："善哉是称。虽然，吾独愧乎孟母也。"亭成，凿井于前。母凭栏而观之，似忘乎老焉。故后人又称为"忘老亭"云。母一日寝疾，心甚忧之。思食新笋。时天寒冻，宗向竹院旧宅求之，不可得，遂抱竹而哭。须臾生笋数茎，持归。母食而愈。君子曰：非仁孝格天，不能也。垂年八旬有肆，而终葬于凤凰山下今移葬贡院内。朝廷闻之，举其贤良，官至御史，赠司空。虽膺显贵，而孺慕终身也。

后世孙孟珙者，因宗旧址建祠铸井，故今传为孟孝子祠云。

孟　嘉

字万年，少知名，宗之曾孙。太尉庾亮领江州，辟为从事。后为桓温参军，温甚重之。九月九日，温宴龙山，大风吹嘉帽落，嘉不之觉。温命孙盛作文嘲之。嘉即答以文，甚佳，转从中郎迁长史，卒。

孟　陋

字少孤，孟嘉之弟。丧母，不饮酒食肉者十余年。亲族谓之曰：

“毁性，无嗣，为不孝。”后吉。简文帝亲政[①]，命为参军，不起。或谓桓温[②]，陋学为儒宗，宜引在府。温叹曰：“会稽王尚不能屈，非敢拟议也。”博学，以文籍自娱，长于三《礼》[③]，注《论语》行世。

唐

李道宗

唐太宗之叔，封江夏王，唐名将也。事母以孝，居灵泉，因长孙无忌、褚遂良[④]所谤，坐流岭表。墓在灵泉朝阳坡忠文祠后兕寝下。

唐将军李道宗封江夏王传

明　张添祐

江夏王李道宗，唐名将也。少事母，以孝闻。子孙居江夏灵泉，家甚窘苦。道宗系太宗尊行，以才能见用。贞观四年，与张宝相计擒突以归颉利可汗[⑤]，献于天朝。部落悉降，漠北而南，尽为空垒，其功岂不伟哉！太宗御顺天楼以受俘囚，上皇高祖闻之，叹曰：“汉高祖困白登[⑥]而不能报，今我子太宗能灭突厥，吾付托得人，复何忧哉！”因

---

① 简文帝亲政：东晋简文帝司马昱，自晋穆帝永和元年（345）任抚军大将军，371 年、372 年在帝位，年号咸安。下文会稽王亦指简文帝。

② 桓温：东晋大臣，率师北伐，多立战功，永和十二年（356），曾收复洛阳。后专擅朝政，太和六年（371）十一月废海西公，改立简文帝。

③ 三《礼》：指《周礼》《仪礼》《礼记》之学。

④ 长孙无忌、褚遂良：二人均为唐贞观朝大臣，《唐书》有传。

⑤ 颉利可汗：事见《旧唐书·宗室列传·江夏王道宗传》：“（贞观）三年，为大同道行军总管。遇李靖袭破颉利可汗，颉利以十余骑来奔其部。道宗引兵逼之，征其执送颉利。颉利以数骑夜走，匿于荒谷，沙钵罗惧，驰追获之，遣使送于京师。”

⑥ 白登：平城（今山西大同市东北）旁的一处高地。公元前 200 年，汉高祖亲自带兵迎击匈奴入侵，被围于平城东的白登山，后解围，双方罢兵。

与诸王置酒相贺，以志功也。自是而四夷宾服，中国晏然，胡越一家，古来[1]有也。

他日太宗图画功臣于凌烟阁[2]，而道宗弗及焉，为足恨云。再考贞观十八年，太宗谓待[3]臣曰："于今名将惟李世勣本姓徐、道宗、万彻薛姓，江夏人三人而已。"既知为名将矣，而何以不与焉？是则可疑也，抑或有说与？至高宗永徽四年，故相房玄龄之子遗爱者，与高阳公主谋立荆王元景为帝，[4]事泄，伏诛。而道宗为长孙无忌、褚遂良二子所谤，亦坐流岭表。呜呼！盛名之下，难以久居；功成身退，可与全终。予为道宗惜之。

李 善

字次孙，有雅行，淹贯古今而不能为辞，时人谓之书簏[5]。显庆中，累进崇贤馆学士，兼沛王侍读，坐与贺兰敏之[6]善，流姚州。遇赦还，居汴郑讲授，诸生四达，传其业，号文选学[7]，所注六十卷。后迁江夏永丰里。墓在九峰盘龙山。

---

① 来：应作"未"。

② 凌烟阁：为表彰功臣而建筑的绘有功臣图像的高阁。唐刘肃《大唐新语·褒锡》："贞观十七年太宗图画太原倡义及秦府功臣赵公长孙无忌、河间王孝恭、蔡公杜如晦、郑公魏徵、梁公房玄龄、申公高士廉、鄂公尉迟敬德、郧公张亮、陈公侯君集、卢公程知节、永兴公虞世南、渝公刘政会、莒公唐俭、英公李勣、胡公秦叔宝等二十四人于凌烟阁，太宗亲为之赞，褚遂良题阁，阎立本画。"

③ 待：应作"侍"。

④ 房玄龄之子房遗爱与高阳公主谋立荆王元景：事见《旧唐书·高宗本纪》。

⑤ 书簏：藏书用的竹箱子，比喻读书多。

⑥ 贺兰敏之：是唐高宗皇后武则天姐姐的儿子，在朝位高权重。咸亨二年（671）因罪流放雷州，至韶州被绞死。当时因与他交游的朝臣被牵连而流放岭南的人很多，李善也是其中之一。贺兰，复姓。

⑦ 《新唐书·李邕传》此句作："坐与贺兰敏之善，流姚州，遇赦还。居汴郑间讲授，诸生四远至，传其业，号文选学。"

李　邕

字太和，善之子，江夏人。少知名，既冠[①]，谒特进李峤，愿一见秘书。峤荐直秘阁，未几辞去。峤惊问，奥篇隐帙，了办如响。峤及张廷珪并荐，拜左拾遗。会御史中丞宋璟奏张昌宗[②]语不逊，请付司法。武后不应。邕进曰："宋璟志安社稷，非为身谋，望可其奏。"武后色稍解。天宝初，历汲郡、北海太守。性豪放，李林甫[③]恶其负才使气，因事矫杀之。虽谪外，中朝衣冠、天下寺观多赍金帛往求其文。有《文集》七十卷，时号李北海。祀乡贤，墓在九峰盘龙山。

李　暄

邕之子，避乱灵泉山，后为中书舍人。墓在灵泉山。今后裔犹居永丰里。《唐史》志之江都，误矣。

李　洞

暄之弟，居灵泉。建岳麓书院。因父难，削发为灵泉寺僧。

李　鄘

字建侯，邕从孙。至性纯孝，肃宗旌之，颜其室曰"蓼莪"。初

---

① 冠：古代男子到成年则举行加冠礼，叫作冠，一般在二十岁。《礼记·曲礼上》："男子二十冠而字。"

② 张昌宗：唐定州义丰（今河北安国）人，于武则天晚年入侍，为则天所宠，任春官侍郎等高官。则天末年，与其兄易之一起专权。神龙元年（705）张柬之等迎唐中宗复位时，昌宗及其兄易之同遭诛杀。下文"武后"即武则天。

③ 李林甫：唐宗室大臣，任礼部尚书、同中书门下三品等职。在职十九年，权势甚盛。主张重用番族人为将，使安禄山等人掌重兵。李林甫死后不久即发生安史之乱。

举进士，授秘书正字。李怀光辟为监察御史，迁史[1]部郎中。顺宗时，转刑部尚书，引疾，以太子少傅致仕。谥曰“简”，祀乡贤，墓在盘龙山。

李　栻

鄘之子。仕历凤翔节度使，以秘书监卒。

李　磎

字景望，乾宁元年宰相，鄘之孙、栻之子。大中末进士，累迁户部郎中，分司东都。黄巢陷洛，挟尚书八印走河阳。昭宗重磎，后召为同中书门下平章事。李茂贞等上言其非，帝不得已，罢为太子少师。时茂贞与王行瑜拥兵阙下，列磎罪，杀之都亭驿。行瑜诛，诏复爵，谥曰“文”。磎好学，家有书万卷，世号李书楼。子沇，字东斋，亦负才名。俱遇害。墓在灵泉山东故宅后，近湖。

宋

张叔夜

宋哲宗朝，以经学明儒术，以韬略通武艺，及登进士，明于吏治，当世士民咸以伟人称公矣。历徽宗朝，四隅鼎沸，盗贼蜂起，朝廷召公为枢密院，诏讨弗遑。征方蜡[2]于睦州，服宋江于淮南，诛张仙于山东，擒李成于海门，讨高托山于河北，破金辽于长城，其智勇才略，足济时艰。东京受围，父子勤王，死白沟河。忠肝义胆，卓然贯长虹

① 史：应作“吏”。
② 方蜡：应作“方腊”。

而寒星斗也。及公没，群贼复叛，使天下徒深望想而已。

威灵王像赞

明　张天祐

金天[①]大帝降灵于太白，坐镇于西山，皇风来自太古，神化符于玄元。宋室乾坤颠倒，天罗地劫齐临。梦中协胎，叔夜钟生，形如梓橦[②]，貌似帝君。须成五柳，眉分半月，吐白毫垂双腮。抱文武全才，佐宋王为政，平定中原，收杀水浒。东京受围，报恩救主，鸣孤忠于一剑，留丹心于碧空。神兵助战，功扫沙漠，敕封威灵，万世钦崇。

张氏祖庙传文

元　张　诚

先人张耆[③]，辅相宋皇仁宗[④]，勋名道德，著于汴梁。熙焘联第，翰宛文章。稽仲叔夜，报国无双。伯奋、仲熊，同刎边疆。[⑤]状元张栋，抗节咸阳栋为咸阳太守，引兵赴汴梁，遇金兵于太白山下，不屈而死。大白[⑥]之巅，精魂洋洋。两蒙圣赐，忠孝流芳。藐尔一子，逃窜荆襄舜民年二十。

---

① 金天：西方之天。

② 梓橦：即梓潼帝君、文昌帝君，道教神名。相传名张亚子，居蜀中七曲山，仕晋战死，后人立庙祀之。唐宋时封王，元时封为帝君。

③ 张耆：宋代人，字元弼，开封人。早年在真宗赵恒藩邸任职，真宗即位后进入仕途。在与契丹斗争中多立战功，晚年以太子太师致仕。详见元托克托等撰《宋史·张耆传》。

④ 仁宗：当为“真宗”之误。

⑤ “稽仲叔夜”句：张叔夜字稽仲。宋钦宗靖康元年（1126）金兵二次围京城，张叔夜带兵三万人入卫勤王，亲自率领中军，儿子伯奋率前军，儿子仲熊带后军，三军前进，多次与敌交锋，突入京城。后因各路勤王军没有及时赶到，京城遂失陷，伯奋、仲熊战死。

⑥ 大白：太白，太白山。

底于江夏，剪草为房。缔造经营，艰苦备尝。以迄于今，卜世其昌。大元丧兵，起兵蕲黄。普胜活旅，德我宾王。[1]送之饶州，余干县名凄凉。复走德兴，依于瓦岗。一家百口，采薇作汤。吴山楚水，风景堪伤。维我神祖，显圣得粮。十有五载，蹇厄非常。洪武定鼎，安插故乡。西宅江夏，东垦武昌。我来灵泉，白骨满场。清风明月，入户穿堂。野菜和羹，收聚一方。嗟嗟万朽，遍坦山荒。圣明有道，乐赓陶唐[2]。征车入里洪武壬子，张洪被聘，丹桂飘香。半生辛苦，付于彼苍。维汝子孙，念哉弗忘。

按：张养浩以六百金活普胜父子命。普胜姓邹，广济人，元末事徐寿辉，后为陈友谅将。普胜以大将军全宾王百口之命，故送至饶州安置，皆当年六百积善之报。

张叔夏

叔夜之弟，官中大夫。宋亡，为金虏所获，投河。七日，遇舟人救，复扶徽宗第十子赵松即小宗为帝。闻兄难，投河死，葬于张太湖土城中，土名天子岗。

忠孝烈传

元　沈如筠

尝观古贤人君子，当衰乱之季，有远适异国而各行其志，诚有大不得已者矣。宋臣张叔夏者，张叔夜之弟也。食中大夫禄，鞠躬尽瘁，

---

① 此句见文后按。宾王即指宾国公张养浩。张家定居江夏灵泉后，子孙众多。至元朝时，张氏后裔张养浩累官御史中丞、礼部尚书，封宾国公，后归隐灵泉。

② 陶唐：古帝名，唐尧，为古代传说中的圣主。

不愧臣职矣。宋亡，为金虏所获，身缚玉罄[1]投于黄河。尸流七日，舟人救之，犹有生气。既苏，欲自杀以报国恩。舟人救之曰："国破家亡之日，徒死无益，子盍勉为后图？"于是扶宋小宗潜形自楚，隐于张太湖中，筑城修堤，走马操戈，欲为恢复之举。闻叔夜父子俱死难，仰天大哭，赴河而死。楚人士义之，葬于土城。俗呼为天子岗是也。未几，小宗亦亡，至宝庆元年，其子逸民抱罄来归，哭于忠文之庙在灵泉山。

呜呼！叔夜、叔夏者，真难兄难弟，其同死社稷之心，可谓忠矣烈矣，与古仁人义士并传于弗朽矣。筠尝过其墓，凭吊久之，不禁吹嘘欲绝，怆然而下亡臣之泪。

冯其龙

生子二：长子观，观生商，商生式，式生京；次子异，生潮，潮生奕，奕生瑞瑞中探花[2]。

冯　观

字乾一，善卜筮，好山水，尤精《易经》。田买七邑，称巨富，后迁居永丰驿。

冯　商

字金溪，奉行善事不倦，冯氏子孙之盛，皆公积德之报。

---

① 罄：应作"磬"。下文"抱磬"亦误作"抱罄"。

② 探花：宋以后称科举考试中，殿试一甲第一名曰状元及第，第二名曰榜眼，第三名曰探花。

冯　式

字程奕，又字记之，博邑庠生[①]，以明经[②]选进士，授著作郎。喜为善事，生子京，中三元。

江夏宝善堂记堂在夹山，建自冯公世唐

宋　冯　式

江夏，古为鄂渚，南通潇湘，西为巴蜀。山川之所汇合，莫盛于江汉；风水之所蕴酿，莫隆于衡岳；奇人杰士之所居止，莫奇于灵泉。

自世唐公修词[③]于鄂城而栖隐于夹山，传三百余年，世称望族。至宋皇太宗朝，祖考观公积德行善，爱读诗书而乐观渔樵。宅前有湖，筑堤蓄鱼，因名其地为冯公澥。先君子商公，家号素封[④]而积德愈广，与灵泉诸名公为交游，其学问德行优于乡邦。母年五旬，生式于外祖张公琴楼之侧。式之获隽[⑤]，盖以此也哉！式甫冠，博邑庠生，以明经选进士，授著作郎。年五旬，艰于嗣息，余心忧之。有紫衣道人相曰："君三世有大德，当产伟人，以光门闾。明岁槐花开，玉虚仙子来。"言讫，不见。明年生京，魁光满庭。吾乡缙绅先生庆贺于门，佥曰："积善之家，他日当大魁天下，为三楚之首望。"式也弗敢，拜纳嘉言，以书于宝善堂中。

---

① 庠生：科举时代称府、州、县学的生员。明清时为秀才的别称。

② 明经：汉代以明经射策取士。隋炀帝置明经、进士二科，以经义取者为明经，以诗赋取者为进士。宋改以经义论策试进士，明经始废。

③ 词：应作"祠"。

④ 素封：无官爵封邑而富比封君的人。

⑤ 获隽：会试得中。亦泛指科举考试得中。

冯司徒庙碑

宋　冯　京

自伯益[1]佐禹，肇封于周，赐姓为冯。延及于汉，世祚流芳矣。东汉以来，云台标绩于巾车[2]，苗裔永通夫仕籍。考其时冯族食采者十四世，其申锡无疆者，孰非祖宗之源远流长足以致之哉！两晋而下，世居青徐。降及五代，两渡淮泗，三徙河北，其流寓失所者，皆离乱之余烬也。皇唐受命，祖名冯兴，延及冯岳，历开成、定远、余庆诸公。

至冯三畏，官盐铁转运使，始迁江夏郡。掘冯马池，获金十万。其弟三元，宦仕西粤，而公独居鄂，享年八十春秋，葬江邑，城三十里为茔地，名冷水铺。生宏英，称硕彦，士产天命为尚书，见江汉蜚英矣，传世塘泉山公秘书，建宝善堂于夹山，历元会、亨阳、利贞，绍述箕裘矣。至乾一讳观冯京曾祖，乐善循理，广积阴德。生金溪公讳商，攻苦励志，品行卓荦。光明如日月，正大如雷霆，节操如冰霜，力行众善数十年，半百无出。买妾于河南，御帏以归，未见颜色。问其年，曰："甫及笄。"问其由，曰："赎父罪。"公仰天叹曰："女子且知孝，男子独不知义乎？"捐金八十，遣之使归。噫，以公之大义格天！笃生显考讳式，聪明仁厚，克承厥绪，一登进士，再登员外，此天之报施善人应如是也。

呜呼！显考事我祖母老孺人，孝养终身不衰，而我母太夫人尤孝事姑。生京于冯家瀣，及长，太夫人兢兢延明，而廷试叨居首选，皆

---

① 伯益：舜时东夷部落的首领，为嬴姓各族的祖先。相传伯益助禹治水有功，禹欲让位于益，益避居箕山之北。见《书·舜典》。

② 云台：汉宫中高台名。汉光武帝时，用作召集群臣议事之所，后用以借指朝廷。巾车：地名，巾车乡。冯异守父城。时刘秀屯兵巾车乡。冯异以父城归附刘秀。详见《后汉书·冯异传》。

我祖宗累世积善之余庆也。历官二十余年，蒙皇恩荫及二子，擢文渊、文海入内阁，赐中书舍人。是君恩与亲恩而并隆也。京惟稽首昌言，以对扬我天子之休。用勒诸石，以垂不朽。

大宋元丰己未二年三月榖旦

冯京敬书

冯　京

字当世，江夏人。少儁迈不群，乡举、礼部、廷试皆第一，时犹未娶妻。张尧佐负宫掖势，欲妻以女，拥至家中，束以金带，曰上意，京力辞。后拜翰林学士，知开封府。韩琦为相，数月不一见。琦谓其傲，以语富弼。弼使往见。京谓琦曰："公为宰相，而京不忘[①]诣公者，乃所以重公也，岂曰傲哉！"论王安石为政更张被谪，后以太子少师致仕。召京知枢密院，以疾未至。帝呼左右语曰："时梦冯京入朝，甚慰人意。"乃赐京诏，有"渴想仪型，不忘梦寐"之语。以观文殿学士知河阳。哲宗即位，拜保宁军节度使。绍圣元年薨，年七十四岁。帝临奠于第，赠司徒，谥文简。墓在县南百里保安池上。

三 元 记

冯当世父为商[②]，壮年无子，将至京，妻以金授之曰："君未有子，可以此置妾。"迨抵京买妾立券，身钱已偿，因问所从来。妾泣不肯言。诘之，云："父为运官，督粮欠折，鬻身以偿。"遂恻然不忍犯，

① 忘：应作"妄"。据《宋史·冯京传》："京曰：'公为宰相，从官不妄造请，乃所以为公重，非傲也。'"

② 冯当世父为商：据上文冯其龙、冯式小传，冯当世父为冯式，而非商。此为《三元记》之误，任桐于此文末按语亦曾指出此误。

遣之还，不索其值。及归，妻询妾安在，具告以故。妻叹曰：“君用心如此，何患无嗣？”居数月，妻果娠[1]。将诞，里人梦鼓吹迎状元，乃生京。后其父屡行善事，旅邸得金数百，竟不行，候失金者至，还之。

京读书于潜山僧舍。僧有肥犬，同学者共烹食之。僧诉于县，株连及京。京遂独任其事，略不推委。令乃命作偷狗赋。援笔立成，中有警联云：“团饵引来，喜掉续貂之尾；索绹牵去，惊回顾兔之头。”令击节称善，遂释之，延之坐，赠以厚资，俾得入试。明年遂作三元传奇。有《三元记》，明初人作，即衍其事。宋代连举三元者，王曾、宋郊、冯京，当时有不愧科名之目，后世懿称科目之盛，以为必有阴德致之，故举厚德卓行悉归京父。

按：《三元记》是传奇，作者未免误会。琴父查买妾遣还，是京祖父冯商之事。商生式，式生京，读冯京自作《冯司徒庙碑文》，即知其详。

张舜民

字芸叟，宋状元张栋之子。先世洛阳，自张谔官鄂州致仕，家于湘东里。徽、钦南狩时，祖枢密叔夜、父状元栋死太白山下。祖母蔡氏、母王氏投井死。长伯伯奋、次伯仲熊自刎。阖室殉节白沟河。芸叟时年十二，亦将赴井。大将张勇抱持恸哭，贼哀之，释去。勇乃与芸叟奔灵泉山。时在建炎年间，力耕自给，锄地得金巨万，买荒田三百亩，积溪水，蓄鱼苗，采松花，种茶乳，卒致巨富。宅前起茅屋六十间，排列如市，使里人赁居交易，四五年遂成数百户大集。乃聘名

① 娠：应作“娠”。

儒讲求性命之学[①]，立祠刻四先人像，日夕拜酬，哭不绝声。理宗时，敕建坊，授太守。著有《南迁录》。墓在灵泉朝阳坡忠文祠后。

孟　珙

宋理宗嘉熙元年，蒙古昆布哈攻黄州、鄂州，珙率师往救。民喜曰："我父来矣。"敌遂遁。

李宗孟

北海后裔，年十二，举神童[②]，为中书舍人。元时不仕。

元

沈如筠

字无回，号开平先生。自元英宗至治二年成进士，历顺帝至正二十三年癸卯升观文殿大学士。与首相伯颜哈麻有隙，陟相仅十月，屡疏奏，未几，谢职挂冠，归隐灵泉山。喜游嵩岳登高作赋，故自谓嵩庵居士。黄鹤楼诗碑上有如筠诗一首，并著有《寓常集》《寓雷集》。

张　诚

字应元，举孝廉，元末不仕，僻处灵泉，力学敦行。元癸卯至乙巳，骼胔积野，竭力瘗之。洪武壬子，以康茂才荐召，试白燕诗，赐

① 性命之学：儒家学说。儒家所说的"性命"指万物的天赋和禀受。《易·乾》："乾道变化，各正性命。"孔颖达疏："性者，天生之质，若刚柔迟速之别；命者，人所禀受，若贵贱夭寿之属也。"朱熹本义："物所受为性，天所赋为命。"宋以来理学家专意研究性命之学，故"性命之学"又专指理学。

② 举神童：唐宋时所设童子科举的别称。

翰林。暮[1]在灵泉骆驼湾庄寝[2]前，其墓因雷鸣七日，得不掘。子添祐，以孝闻。

张孝廉传

元　沈如筠

江夏古称名区，先朝人物，如孟氏[3]之仁孝，李氏[4]之文学，张氏[5]之节烈。是三家者，江夏之望族也。近日教子传家，惟孝廉一人而已。孝廉胸怀洒落，雅志林壑，萧然一室，有以自乐，而且不妄言笑，不趋名利，动循法礼，行中规矩，故其子弟皆化而雅饬，乡党皆化而醇谨，足为世法，令人敬服焉。

明

昭　王

藩封曰楚，以东湖为歌笛湖，种芦取膜为笛簧。有九寝，昭、庄、宪、康、靖、端、愍、恭等墓并楚府宗祠，均在灵泉山。

邹　智

翰林，世称邹氏神童。其苗裔皆在灵泉山寄居。

---

① 暮：应作“墓”。
② 庄寝：此指明藩楚庄王陵寝。
③ 孟氏：指孟宗。
④ 李氏：指李善。
⑤ 张氏：指张叔夜。

邹彦魁

成化壬午[①]举人，恩赐翰林及第。官太常寺卿，住灵泉山。楚府仪宾邹继鲁、拔贡邹正奇皆其后裔。

曾　泰

洪武壬子以秀才廷试第一，上重之。每慷慨论事，言无不从。官户部尚书，为江夏文学之祖。天子垂知名士，赐号“秉正”。太子诸王咸宾师之。乡里有茅屋状元、白衣尚书之称。祀乡贤。墓在灵泉黄獭洞上，有石室藏其中。

祭曾泰先生墓文

明　杜宗晦

人才之生，虽地气使然哉，何尝不由应运而兴乎？惟其应运而兴，故地气相会，人才相感，而适其风云际会之奇，夫岂隅[②]然之数也耶？

江夏夙号才薮，自祢生[③]鸣于汉，万年[④]鸣于晋，北海[⑤]鸣于唐，当世[⑥]鸣于宋，聂炳明[⑦]于元，其他有遇不遇者，固难以悉数。洪武壬子

① 成化壬午：成化为明宪宗朱见深年号，为 1465—1487 年。成化年号共二十三年，其间干支纪年无“壬午”。检《湖广通志·选举志·举人》：“弘治五年壬子乡试榜：邹彦魁，武昌人。”“成化壬午”当为“弘治壬子”之误。明孝宗朱祐樘弘治五年壬子为 1492 年。

② 隅：应作“偶”。

③ 祢生：指祢衡。

④ 万年：指孟嘉。

⑤ 北海：指李邕。

⑥ 当世：指冯京。

⑦ 聂炳：《元史·聂炳传》：“聂炳字韫夫，江夏人。元统元年进士，授承事郎同知平昌州事。”明：按上文，当为“鸣”。

岁，吾乡郡之士同聘举者十有七人，群贤聚于京师，召对之时，先生首试及第，入则陪待经筵[1]，退则校雠东观，诏太子亲王视膳，凡九卿百职事咸宾师之，其敬礼抑何隆哉？未几出补饶州太守，治绩有声。天子知先生才可大用，以布衣而为尚书，于此之时，彬彬雅雅，争先恐后，共勷一代文明之治，何其盛耶？十七捌年间，登鬼录几及其半，出者退者亦又几人其幸而存焉？仅两三人耳。呜呼！何有终之鲜与？自古文人学士委弃于草莽者不少，乃其间得自致于金马玉堂[2]之列，以杰然自见其才者，千百一两人耳。其遇，不可谓不幸。天子越常格而用人，亦冀以得魁梧瑰伟之士于百官庶僚之中，获此数人，其致之不可谓不难，而沦落销歇若此，其奄忽也岂非怜才者之所叹欤？今登先生之墓，追述芳徽，景仰高风，因并目其人以志予之感。

张　璞

字中美史作中善，弘治乙丑进士，由归安县召授御史。正德八年，巡按云南，单车周视。时镇守太监梁裕贪横，为刘瑾[3]心腹。璞裁抑之，为所诬，系狱死。嘉靖初，赠太仆寺少卿，赐祭葬。墓在灵泉天马峰左。璞葬用石椁为楚藩所凿，见棺鲜明，附葬于左。

祭张监察先生文

明　熊廷弼

皇明万历某年月日，同邑进士李自重、段成功、段然、佟卜致祭

---

① 待：应作“侍”。经筵：汉唐以来帝王为讲论经史而特设的御前讲席。

② 金马玉堂：金马门与玉堂署。汉时学士待诏之处，后因以称翰林院或翰林学士。

③ 刘瑾：明代奸劣宦官。正德时掌司礼监，在东厂、西厂外加设内行厂，使缉事人四出活动，镇压异己，斥逐大臣，败坏朝政。正德五年（1510），宦官张永告他图谋反叛，被处死。

于皇恩赠封太仆寺卿张公讳璞字中美先生之墓曰：粤稽[①]古者风俗淳朴，士尚实行，秀者敦诗书而尚礼让，贤者重廉耻而矜名节，故草野有真儒，而廷朝有良臣也。后世功名之士竞趋于伪，而忠厚正直之风已不慨见于天下矣。即其时，容有秉礼度义间出于乡，然不过仟百庸流中一二人而已。翳[②]惟我先生家世名裔，纡青拖紫[③]之荣不足为美也；奕世传儒，博古通今之才不足为侈也，其可为一人道而可为天下道也，盖以忠孝之家而复产忠孝节义之后，而更生节义，其不可及也如是。伊维先生赋性刚方，淡泊自矢。宁为朴率，毋为华丽；宁为正直，毋为诡随。以立身之大节，为立朝之大节。寸心葵耿，扳逆鳞而不忌；满腔牢骚，忤权贵而不畏。虽殒身天岳[④]而猛如烈火，即遗骸故乡而洁如寒冰。人为先生惜，我为先生幸。曷幸乎尔？幸夫忠言之逆耳，而直道之不泯也。荣辱生死，奚足论矣。

噫，正大如先生，其谁与比乎！光明如先生，其谁与京[⑤]乎！慷慨激烈如先生，其谁与俦乎！吾知翘首天衢，昂志云霄，浩浩乎与造物同逝矣。呜呼，彭祖非寿，颜回非夭，生顺死安，盖棺事了。大丈夫生为孝子，死为忠臣，何惭于圣贤，何愧于天地哉？今圣天子当阳[⑥]，嘉乃忠直，赠尔荣封，山川峥嵘，其与公子公孙同献一滴于黄泉，愿播英风于万古。谨宣皇诏，公宜钦听。呜呼，尚飨！

---

① 粤稽：发语词。用于句首以起下文。
② 翳：当作“繄”。语气助词。
③ 纡青拖紫：青紫本为古时公卿绶带的颜色，纡青拖紫借指高官显爵。
④ 岳：应作“狱”。天狱：天牢，指设置在京城由朝廷直接掌管的牢狱。
⑤ 京：大；盛。
⑥ 当阳：古称天子南面向阳而治。

杜宗晦

永乐甲申进士，官布政司。本姓李，先世唐王道宗[①]封江夏王，居灵泉山，今献寝左地宽平者即其遗址也。子孙因以爵为姓，故姓王。传数百年而中叶衰微，出附外家，改王为杜，自杜孝先、杜湰始也。迨宗晦身膺贵显，复姓王，以进士官参议大夫。杜并[②]被抄，阖室充四川军，改姓何，何源、何清、何谅、何迁、何价[③]俱科甲，故李、王、杜、何同宗。

辜　皋

号陶谷先生，原姓直，汉贤直不疑[④]之后也。后世孙直亮仕于唐，战死异域。其子孙仕辜州，遂以辜为姓。至太初元年[⑤]住灵泉，洪武朝以秀才被征辟，赐翰林及第，官刑部侍郎，与曾泰、张诚生同乡而举同时也。上问皋曰："汝父何名？"对曰："臣父名辜董。"上曰永乐："何必辜，只有董可也。"因赐姓为"董"。说者谓先生乃汉时董仲舒之后，不确。

董　礼

永乐甲午举人，任教谕，历官通政司，辜皋之后。

---

① 唐王道宗：唐江夏王李道宗。

② 杜并：事见《新唐书·杜审言传》和出土碑文《京兆男子杜并墓志铭》。杜审言为杜并父亲，杜甫祖父。

③ 何价：似应为"何炌"。后文可见。

④ 直不疑：汉代贤臣。见《史记·万石张叔列传》。

⑤ 太初元年：唐后无太初年号，底本有误。

潘缙

本姓董，成化丁酉举人，为姑母立嗣，直、辜、董、潘同宗。

张铬

进士，官国子监祭酒，墓在天马峰右。

张郁

字文宪，洪武癸酉举人，翰林院五经博士。

聂炳

字韫夫，元泰定四年试《大别山赋》登进士第。洪武初，以人才举。[1]初授承事郎，同知昌平州事，转宝庆路推官。会峒猺[2]寇边，湖广行文，省右丞秃赤统兵讨之，屯武冈，以炳摄分省理问官。悍卒多掠民为俘。炳言于秃赤，释其无验者数千人。至正十二年，迁知荆门州，淮汉贼起，荆失守。炳募士兵七万复其城。又为四川行省平章咬住[3]复江陵，既而蕲黄、安陆贼复炽，合攻荆门州。炳率孤军昼夜血战，援绝，城陷，被执，骂不绝口。贼断舌抉齿，支解之。

---

① 洪武初，以人才举：本句为衍文。洪武初，明太祖朱元璋洪武元年为1368年。聂炳为元之忠臣，元顺帝至正十二年（1352）死难，据本书体例，"聂炳"当列入"人物·元"目。据《元史·顺帝本纪》："(元顺帝至正十二年）安陆贼将俞君正复陷荆门州，知州聂炳死之。"

② 峒猺：此为旧时对少数民族的污辱性说法。

③ 为四川行省平章咬住：咬住，人名。据《元史·聂炳传》，"为"作"与"，"咬住"应为"耀珠"。

张　弘

字虚于，永乐戊子举人，己丑进士，历官山东按察。

祭虚于先生文

明　邑进士　沈　承

呜呼，悲哉！吾始疑疑信信于造物也。造物爱公，可谓至矣。宇宙间聪明男子、意气丈夫如公者固不少，而踵决肘见老藜藿者多矣；即不然，无饘粥之忧而室高鬼瞰、服美人指，为风雨所飘摇者多矣；即不然，坐不垂堂而阴阳人道、俯仰缺陷、抱遗恨于牖下者多矣。公以太仆公为之兄，太仆公厚德重望如广厦长被，尤笃念鞠衷。故公托迹仕隐间，甲第煌煌，玉步可移，珊瑚可碎。日惟击鲜设醴对贵客而已，际高轩之过，酣卧无虑也。姻婚僚友，驺从如云；礼乐衣冠，子孙如竹。虽复王、谢，谁能逾此？计公所需，惟海屋添数枝筹耳。即长留公为烟火之神仙何不可，而又必寻死生故事，夺之去也！悲哉！是则可疑者也。解之者曰："天地，萍也；万物，马也；富贵，云也。人生之中，电也，露也，客也，傀儡也，造物不欲没溺公于尘壤，故使点头悟、撒手行，骖鸾驾鹤，啸傲洲岛，实殆爱公之至意也。"嗟嗟，此亦理之可信者也。

予衰朽附太仆公之年末，而又徼太仆公之余恩，与公谊则通家也，而分则兄弟也，故前之疑，盖以世俗之见哭公于人间，后之信，盖以达观之说慰公于天上也。

张尚德

永乐戊子举人，癸未进士①。官僚②东巡抚二十余年。

樊时中

历官巡江道。

汤　泓

成化乙酉乡举第二，后为令，著治绩。同乡祭酒张辂荐其贤，擢御史，力谢，归里。时论多之。

张　通

字长空，号柬白，万历辛未③进士，官黄门吏，以文行著，人争师事之。因获罪楚藩，老于京师。江沛然为辑所著曰《欧阳老人集》。

张柬白先生传

明　江沛然

古之君子学成而天下用之，即不得志，而亦不寂寂于人间，其流风遗韵足以留之也。我夫子柬白先生谥文山者，得力于乃兄张中美而陶成名公巨卿，故其学问宏博、造诣渊深，非世儒所得而窥其门奥也。沛亲炙门下十余载，刮垢磨光，而始知文字精当，其立言贵有体也。

---

① 永乐戊子举人，癸未进士：永乐戊子为1408年，癸未为1403年。中举之后始能成进士，故有误。或作“癸未举人，戊子进士”；或作“戊子举人，癸巳进士”。待考。

② 僚：应作“辽”。

③ 万历辛未：明神宗朱翊钧年号万历，为1573—1620年。其间无“辛未”的干支纪年，恐误。

沛举进士，宾客来贺，先生不为之喜。既任吉水，吏治民风略有可观，先生又深为之喜。沛尝黜职，宾客来吊，先生不为之忧。既作提刑，狱底澄清，民歌《南山》，士咏《甘棠》，先生又深为之忧。遨游于公卿间，贤士咸师尊之。时海公瑞疏称：天下理刑之官若江沛然者，可迁滇南。沛奉命至京师，会先生于署邸，命予曰："慎刑恤民，为官之道，只在不枉一刑，不冤一民，至公至正，方不欺于心、无恶于身，不然，殃必及尔。"沛遵师训，兢兢于心。比至云南军民府中，办诬杀之罪十、谋杀之罪九、奸杀之罪七十余人、纵杀之罪四十余人，南民咸焚香欢呼曰：数年冤案雪于一朝。既归，泣送于道。及抵西楚江西，又劈重罪之冤数人。凡此者，皆我先生之惠爱及人也。

先生世号理学名儒，淹贯经史，著作鸿文，洋洋洒洒，未竟而终。沛于公余之暇，修辑成帖，题曰《欧阳老人集》，皆我先生手泽之未忘也。先生太仆之后昆，其文学、德行、性情、品诣，皆一一如太仆焉，是其家学、家法之两无恨于前人矣。沛叙于旧集，以为先生传。

江沛然

字应吾，万历进士，知吉水。俗多溺女，禁之。推官历南郡都察院经历，执法不阿。著有《欧阳老人稿》。

张锺灵

字一卿，武昌人，后徙江夏。弘治戊午解元，晦迹家塾，脱然声华之外，终身不仕。

何 炌

成化[①]乙酉举人，辛未进士，官盐御史。

张必贵

字荣三，洪武丙子举人。补县令，迁太守。御史举其才，除授主事。永乐中，擢升三边[②]都堂，钦差都察，以廉直著。

张天祐

字仁一，号鹤山。七岁能文，日诵六千言，遇目不忘，人号灵泉才子。洪武癸酉举人，甲戌进士，本一甲第三名，以不敢居老师宿儒上，奏让于戴德彝。上嘉之。后擢詹事[③]，多方辅导。太祖敕赐“忠良正直”四字褒之。戊寅致仕。宣德二年屡诏，起为台谏，以谏废后[④]忤旨归。上《建文防微疏》《救荒全民疏》《巡河疏》。墓在灵泉天马峰昭寝右。

---

① 成化：明宪宗朱见深年号。成化乙酉为 1465 年。成化间干支纪年无“辛未”，疑误。

② 三边：最早指明朝前期在陕西北部沿边分设的延绥、宁夏和固原三镇。“三边”成为固定的地理名词是在明朝设立定边、安边、靖边三个营城之后。弘治十年（1497），为有效巩固西北边防，设“三边总制”，总揽其权。

③ 詹事：官名，秦时始置，职掌皇后、太子家事。后代有兴废。明清皆置詹事府，设詹事及少詹事，为三、四品官。文中指辅导太子的詹事。

④ 谏废后：宣宗皇后胡氏多病不育，但侍奉太后、谨率妃嫔，后德无亏。皇帝宠爱孙贵妃，竟要皇后自己上表辞去皇后封号，好另外册立孙贵妃为皇后。当时大臣张辅、杨士奇等人不能廷争，不能让皇帝不改封皇后。事见《明史·后妃列传·宣宗恭让胡皇后传》。作为专司纠弹的台谏官员张天祐，上表力争废后不当而获罪于皇帝。

沈　贵

弘治已未进士，任雷州同知。

李　盛

举人，居灵泉，官督学使。

建李都堂神像

明　邹振奇

明楚昭王出猎，逐白兔于九峰狮子山，见李氏墓，竟夺其地，掘唐相李鄘之棺。都堂李盛死之[①]，英灵不昧，每与王较。王惧之，平其冢以为寺。茶盐二客出资巨万，使内官郭成功监修，埋僧人无念于上，作千佛殿以魇之[②]。李为祟[③]不已，因修李公飨殿，塑像以祀之。吁！昭王本欲得李氏之地，以为日后安身之计，岂知鬼神降祸不已，而卒废为寺场以葬山僧，枉费心思于当年，徒贻恶名于后世，识者已知其非忠厚开国之道，惜哉！

任家相

字白甫，廷试第一，戊子举北闱[④]乡试，甲辰乞署婺源学博[⑤]，刻

---

① 李盛死之：李盛因反对楚昭王强力夺李氏墓地而屈死。

② 作千佛殿以魇之：李盛“英灵不昧”，昭王害怕，企图用“魇胜”法辟邪。魇胜，是一种用镇物、符咒制胜、摄服鬼魅的巫术。文中昭王挖平李盛坟墓，再把涅槃的和尚无念埋在上面，还加修一座千佛殿，即制胜李盛英灵，故底本“作千佛殿以壓之”之“壓”字，当作“魇”字。

③ 祟：应作“祟”。

④ 北闱：明清科举制对顺天（今北京市）乡试的通称。

⑤ 学博：唐制，府郡置经学博士各一人，掌以五经教授学生。后泛称学官为学博。

朱子《孝经刊误》，建文起堂，辑《论世》《景行》二编，以楷模多士。擢翰林院侍诏，充福王讲官，上《勤学箴》。又条陈时务，以《孝经》定试题，制宗学以广人才，祠国学以崇名宦乡贤。移工部司务，其请瑞王婚礼及诸疏，俱无讳。乙卯卒于官。著有《云龙阁集》行世，祀乡贤。墓在县东报德寺右，有碑。

桂时香

字方宇，明万历时郡庠生。学贯古今，时人呼为书囊。尤好善举，于沙湖白羊桥头建方便庵施茶粥。去桥头里许湖港病涉，复损资建桥。桥成，见白发翁口称盛德，转盼不见，里人传为仙人，因名会仙桥。

民　国

金月英

金陵人，生于清光绪甲午九月十三卯时，卒于民国甲寅八月初九亥时，年二十一岁。为女伶，卒时在汉口新民剧社。性贞烈，葬沙湖逻迦山之阴，人皆称为金贞女。

金月英传

琴父自拟

金陵有女子名月英，少孤，依金氏为女。及长，金氏再醮[①]与汉口张君谷樵，挟月英与俱。月英视如己母，能孝养，颇知大义。学女

① 再醮：古代行婚礼时，父母给子女酌酒的仪式称“醮”。因称男子再娶或女子再嫁为“再醮”。

伶，善度曲[①]，登台献技，色艺冠一时。每演古今历史上种种悲欢离合，无不曲尽其妙，令人对之生感。惟秉性高洁，谷樵欲招为媳，英以母命未敢违而心实不愿，忧愤成疾，临诀谓母曰："儿是未嫁身，儿之清白可自信也。儿在汉上新民演剧，积蓄至十余万金。儿有此钱，母可无忧矣。"言毕，瞑目而逝。闻者惜之，一时有金贞女之称。

噫，女伶月英，以一弱女子尚知大节，虽死犹生。今葬沙湖逻迦山，上巳[②]踏青人过此，皆以苏小小[③]比。余谓小小之有西湖与月英之有沙湖，遥遥相对，皆足为湖山生色。年来建设沙湖，曾就其墓而修葺之，名曰金冢桃花，即以为沙湖十六景之一。后之游此者，知不免有人面桃花之感云。

隐　伦[④]

沈　韵

字四声，早孤。补弟子员，淡于进取，遨游吴越钓台、虎丘[⑤]，五湖匡庐[⑥]之胜。归葬母氏毕，隐梁湖之孤山，偕妻锄圃卖药自给，号蓑庵居士，足不履市者二十年。卒年五十有二。工书画，尤喜为诗。邑人王一宁收其遗稿付梓。

---

① 度曲：按曲谱歌唱。

② 上巳：旧时节日名。汉以前以农历三月上旬巳日为"上巳"；魏晋以后，定为三月三日，不必取巳日。此日人们有到郊野游览的习俗。

③ 苏小小：南宋钱塘名妓。容色俊丽，颇工诗词，死后葬于西湖畔。

④ 隐伦：隐士之类人物。

⑤ 吴越：指春秋吴越故地，即今江浙一带地方。钓台：指东汉严子陵垂钓处。故址在浙江桐庐城西十五公里的富春山上。东汉严光，字子陵，隐于此山垂钓。虎丘：山名。在江苏省苏州市西北。相传吴王阖闾葬此。其上有虎丘塔、云岩寺、剑池、千人石等名胜古迹。

⑥ 匡庐：指江西的庐山。相传殷周之际有匡氏兄弟七人结庐于此，故称。

白云山人

昔灵泉寺寓有白云山人，与冢宰[1]张鹤山契。一日谓之曰："此间住脚不？我去君即来。"明日访之，道人往矣。未几，鹤山卒。今寺壁镌有诗云："地幽人到少，来访老僧家。野烟笼贝树[2]，梵境护昙花[3]。献佛谈禅语，翻经念《法华》[4]。陟彼嵬巍处，山光入望赊。"后署白云山人，字亦夭娇欲仙。

朱盛浗

字蓼庵，楚宗室克信子。克信制行如寒素，浗有父风。献逆[5]之变，尽驱楚宗入江。浗浮三十里，至鲍家庄，有汲僧救之。逃避梁子山，更名谢世仁，字忍生，隐于医。工诗，与王子云、叶井叔合著《郢雪编》《通丹经》。其子容栋，字二安，亦以医名，著《医宗》《王琴操》《谐谱》《梁湖草》。

朱华囷

字准仙，明楚宗藩中尉英照次子。六岁就外传[6]，即举"大学"二字问师曰："此何等学也？"师奇之。十四通古今，不屑就试。二十

---

① 冢宰：此指吏部尚书。

② 贝树：多罗树。其叶用以写经。

③ 梵境：佛的境界。昙花：优昙钵花的简称。一种常绿灌木，主枝圆筒形，分枝扁平呈叶状，绿色，无叶片，花大，白色，生分枝边缘上，多在夜间开放，时间很短，供观赏，原产美洲。佛教以为优昙钵开花是佛的瑞应，称为祥瑞花。

④ 法华：佛教经典《法华经》。

⑤ 献逆：指明末造反的张献忠。张献忠带领的造反军于崇祯十六年（1643）占领武昌，大肆杀戮，把楚王朱华奎装在笼子沉入长江后，不分妇孺老幼，杀死了所有的宗室人员。详见《明史·张献忠传》。

⑥ 传：应作"傅"。外傅：古代贵族子弟至一定年龄，出外就学，所从之师称外傅。

好新建之学及周、程、朱、陆[①]诸书，尤喜著述，有《汇书》《宋元诗选》暨《梅湖》《桃溪》诸集，晚更为一书曰《圣贤宝鉴》，论列圣贤，发扬忠佞，五十万言。崇祯癸未三月，梦游沙湖石壁，见有诗云：“飞泉如白鹤，隐见渡平林。晴壁流花瓣，渔郎何处寻？”随告亲友曰：“时危矣。”遁入桃溪，不知所终。

蔡其煐

字雨淑，明府学廪生。性恬淡，不悦仕进，精于《易》理，尤究心濂洛关闽之学[②]。闭户著述，扁其门曰“淡园”。弟其焞，邑诸生，亦潜心理学。明末，隐居沙湖马鞍山，著有《大易补注》，兵燹散失。

余　注

字明福。性介直可阿，为郡诸生，后弃举子业，隐沙湖湘东之青山，黄冠野服，躬耕自给，著《周易删补》，自号拙庵。

艾　然

字然明，一字木田。性孤戆，明末补弟子员，淡于进取，诗酒自豪。居沙湖洪山，筑圃莳花。诸王孙多从之游。怀宗癸未，城陷，挈妻子避入山，拾野蔬自给。后妻死，益自放。顺治初年，复于洪山旧址结茅为宅，种桃梅花果，自题曰“万木园”，门书“卖花沽酒读书”。自作《春王正月辨》《周易疏》。见非礼事辄发竖，晚年气稍平，署其

---

① 新建之学：此指明代大儒王守仁的学说。王守仁因平定宸濠有功，朝廷封王守仁为新建伯。周、程、朱、陆：此指宋代理学大儒周敦颐、程颢、程颐、朱熹、陆九渊。

② 濂洛关闽之学：宋代理学的学派。濂指濂溪周敦颐；洛指洛阳程颢、程颐；关指关中张载；闽指南宋朱熹。

斋曰“待尽庵”。七十有三，卒。盖古之逸民也。

周家鼎

字峙铉。明崇祯己卯举人，癸未献贼陷城，鼎奉父母窜伏湖滨。父殁，筑室梅城，与母皆隐，自号梅城。顺治乙丑[①]会试入闱，迅笔疾书即交卷，归侍母。因无七结[②]，置一榜，选用中书。捷音至里门，其母曰：“吾儿志不忍离膝下，图温饱耳。”鼎回，果然杜门不出。居母丧，不御酒肉者三载。所著《家礼议宜》及《易诗贞通》诸解。学者称梅城先生。墓在花山西湖尾。

释

晓　然

又名如晓，俗名李洞，北海之子，唐称诗僧，有诗帖行世，灵泉寺开山祖。久之有省曰：“我将去，俟奇形怪状者至，吾徒也。”无何，百岩来，即授衣钵辞去。后数年，里人有过天台[③]者道遇之，寓书百岩，揖别里人，反顾，则身在云表矣。后百岩亦证道。

如晓行赞

古者山林隐逸之士，其姓名多不传于世，往往于山巅水湄以自成

① 顺治乙丑：顺治元年甲申（1644）到顺治十八年辛丑（1661），其间干支纪年无乙丑，当有误记。

② 七结：八股文术语。八股文要按一定的格式、字数来写，破题、承题、起讲、入手、起股、中股、后股、束股八部分组成，末有结束语可以发挥己意。明人于大结多及时事，时触讳忌，清代废去结语。周家鼎疾书交卷无结语，无意为考官看中。

③ 天台：山名。在浙江天台县北。

其奇，若晓然者，不立异，不炫名，不参禅，不打坐，去灵泉数十年不复来。客有见诗僧于山阴禹穴[①]间，更名“如晓”。客问曰：“汝非晓然乎？”僧答曰：“子既知我面目，可归与百岩、古峰[②]道，三年到天台来云。”拂面而逝，客视之，飘飘然在云雾中行云。

无　念

应山孟畈陈氏子。九岁，礼宝林寺无极为师。初不识字，又往参荆州无闻和尚，豁然有悟。明洪武中，楚昭迎至洪山，迁九峰，敕建正觉寺，赐以诗文及彩纳衣[③]、金钵盂等物。永乐初圆寂，年八十。墓在狮子峰。

天　如

住修静寺，鹑衣草食，言未来事。明末，献贼破省前，指城东门曰：“此灶窦也，城内皆猪圈耳，张屠、李屠至矣。”每五更沿街叫呼：“大难到，盍早为计？”癸未元旦，忽不见。六月，阖城陷于难。

慈　忍

洪山宝通寺住持，以祈雨，自肘[④]双足，留镇山门。荆湖制置使孟珙与郡统张顺迁其众，捧佛足。元始祖在潜邸[⑤]，率师南伐至鄂，遥见山顶有神人立云端，询为仙迹所寓，深加敬异。函佛足至京师，命

---

① 山阴：会稽山阴，在今绍兴。禹穴：相传为夏禹的葬地。在今浙江省绍兴之会稽山。

② 百岩、古峰：据《灵泉寺叙》，为晓然的徒弟孟百岩、张古峰。

③ 纳衣：僧袍。纳衣原为取人弃去之布帛缝衲之僧衣。也称百衲衣。纳，通“衲”。

④ 肘：应作“刖”。

⑤ 潜邸：皇帝即位前的住所。在潜邸，指即位前。

安置密宇奉之。既正位[1]，使返还山。

录元黄潜碑记

敬　心

明末崇祯时名训，自幼为灵泉寺僧，道气惊人。愍王尝相往来。李氏之后王尊之为师。自伯寇一变，有将官名马者，入昭寝打围，为军人药箭所伤。寇夤夜兴兵，误将寺中诸僧尽逼江汉而死，独敬心尚存。顺治七年八十七岁圆寂，建石塔于青龙嘴。

① 正位：登基，登上皇位。

寺　　观

宝通寺

在洪山。宋末数被兵，今庙宇重建，甚庄严，离沙湖约二里许。

修净寺

在洪山右首，寺址系李北海宅。昔住寺僧天如成证果[①]，李白题寺诗，有“我家北海”[②]句。

东岳庙

在洪山附近，香火甚盛，三月有天齐会。

长春观

在东岳庙上首，宾阳门外，住道人。

白鹤观

在宾阳门外里许，进士吴白鹤读书处。建有孝感祠，祀孟宗，即双峰山，一名白鹤，山之麓与岳武穆合祀，额曰“忠孝祠”。王鳌有

---

① 证果：佛教语。谓佛教徒经过长期修行而悟入妙道。

② “我家北海”：李白《题江夏修静寺》：“我家北海宅，作寺南江滨。空庭无玉树，高殿坐幽人。书带留青草，琴堂幂素尘。平生种桃李，寂灭不成春。”

《记》，搜寻未得。

正 觉 寺

在狮子峰，明寺僧无念奉昭王敕建，赐御制诗文甚多，即李北海四代墓基。

槎 山 寺

唐时寺内有巨蟒，僧畜皆为所害。一夕，有三人至寺求宿，张其姓，翼、轸、奎其名也。谓老僧曰：“吾辈能制之。”是夜斩蟒，且毁其穴。寺后石上足迹尚存。教谕张绍良有《记》。山顶有古寨遗迹，山多产兰。

石 壁 寺

在碧云山下，寺外时有白云封锁。

华 岩 寺

在白羊山，林壑深邃，别有洞天。

洞 庭 庙

在青山上，临江，琴父重建后殿。

念西居士林

在待驾山。琴父感于佛化，常邀居士、高僧讲经于此。

人生岁月几何？到此一心念佛；

昔日英雄安在？回头万事此空[①]。

琴父拟联

灵泉寺

在灵泉山之麓。唐进士李洞为长沙太守，初建岳麓书院。居灵泉山，以兄暄梦神告之曰：“此大福地，汝不可住，住必有奇祸。”乃舍宅为灵泉寺。洞自名晓然，又号如晓，遂为开山祖。至宋改为广德禅寺，僧无怀，李宰相景望之后，高才博学，宋太祖时屡试不第，为僧。与神宗相参，帝喜，拜为国师，赐号广德。今白约仍以灵泉寺名重建。

灵泉寺叙

明　沈世昌

灵泉寺开创者谁？唐释晓然也。晓然俗姓李，名洞，长安太守[②]，创岳麓书院者是也。晓然胡为乎为僧也？因父邕字太和为北海太守，清廉慈爱，士沐其教，民感其恩，且善书有名。唐明皇屡欲大用之，无何习气未除，自以耆旧在外，意快快。李林甫恶其负才使气，欲因事除之，别遣罗希爽[③]按邕，与裴敦复皆杖杀之，竟夷其家。洞与胞兄暄迁居灵泉，后以宅为寺，洞遂削发礼佛。得孟百岩、张古峰二人为徒，传其衣钵，遂游天台山。逾数十年，有楚人在武陵遇之，问曰：“子非晓然乎？”答曰：“然。为我语百岩、古峰，过三年来天台会我。”遂跃然而去，其人见在云雾中行去。

---

① 万事此空：据联语及字形，“此”字似应为“皆”。

② 长安太守：据上文，李洞实任长沙太守，“安”为“沙”之误。

③ 罗希爽：应作“罗希奭”。《旧唐书》有传。

灵泉寺记

灵泉寺者，唐舍人之遗迹。名李暄，灵泉寺施主。舍人父李太和名邕为北海太守因号北海，生民被其德，学士钦其才，玄宗欲大用之。李林甫忌之，矫天子诏以杀之，竟夷其家。舍人筑室于灵泉，有翛然远引之志，因名其居为“自在阿”。乾元中，夜梦至人[①]告曰：“汝居佛地，后将不利，子曷易之？”舍人以语弟洞。洞曰：“予久欲入空门，盍以此为修省地？”舍人使弟居之僧晓然。尝曰：“吾但得一佳僧，可以超然脱去。”遂有百岩、古峰二人者慕而过访，两目窅然，声响林谷。洞见而异之，曰：“子形容古怪，真山林中人，可着吾袈裟，穿吾芒履，肩头担清泉，炉中烧赤火，暇时坐吾闲闲亭，好听松风声，可以洗涤俗肠，别自有是地耳。”而所谓晓然者，则不知所往矣。

宰相李景望名碟，绘晓然像于亭，镌诗句于石壁间。宋淳熙时，李定远修葺其故宇，□[②]景望所修十八罗汉皆丹青而奥妙之，因题曰“灵泉古寺”云。元贤张宾王天祐祖复买樊氏山，以为藩篱，而四围在山色中焉。予考晓然者，唐诗僧也。其解悟半出于诗书，读其咏句记序，学士大夫每流连而叹息之。洪武吏部张添祐续绝句于闲闲亭，则晓然之著作可想矣。

寂寞空山何堪久住；

多情花鸟不肯放人。

百岩题联

千岩竞秀旷怀远；

---

① 至人：神人。道家指超凡脱俗、达到无我境界的人。

② □：底本为一空格。

万壑争流法眼宽。

如晓题联

松郁郁，云漠漠，龙吟虎啸，风神何限，如游七泽[①]五陵地；

山悠悠，水洋洋，花落鸟啼，机趣无穷，应在十洲三岛[②]间。

张芸叟题联

深山窈窕，水流花发泄天机，未许野人问渡；

远树苍凉，云起鹤翔含妙理，惟偕骚客搜奇。

李道宗题

御泉寺

在湖之东，寺中有卓刀泉，供关圣。

慈云寺

在八分山麓。《一统志》：唐贞观时，骆禅师飞锡[③]至此，因建道场。飞锡泉当山之半，久旱、甚雨，两不盈涸。白云洞口、龙泉，皆在其麓。元郡守李贞祷雨于此，见巨蟹入潭中，雷雨大作，为建亭。今废。

---

① 七泽：相传古时楚有七处沼泽。后以“七泽”泛称楚地诸湖泊。

② 十洲：道教称大海中神仙居住的十处名山胜境。亦泛指仙境。《海内十洲记》：“汉武帝既闻王母说八方巨海之中有祖洲、瀛洲、玄洲、炎洲、长洲、元洲、流洲、生洲、凤麟洲、聚窟洲。有此十洲，乃人迹所稀绝处。”三岛：指传说中的蓬莱、方丈、瀛洲三座海上仙山。亦泛指仙境。

③ 飞锡：佛教语，游方。谓僧人执锡杖飞空。据《释氏要览》卷下：“今僧游行，嘉称飞锡。此因高僧隐峰游五台，出淮西，掷锡飞空而往也。若西天得道僧，往来多是飞锡。”

修慈云寺记

明　徐文质

龙塘居慈云寺之上，吐纳诸流，引会亩之水以趋大川者也。岁五月，大雨水注，洪波浩森，桥堤俱坏。山僧谓予曰：“此步骑通渡，居士得勿有意乎？”又乡耆[①]谓予曰：“君亦知斯桥之所自乎？昔祝公悦山光鸟性、落月寒潭，而语僧曰：‘安得一瓢一笠，遁迹昙刹[②]，借佳山水以所芳邻耶？’于是采形家[③]言，修堤障水，以应国卜。后果簪缨相继，车服日隆，而其里得称必鸣珂[④]。即行人亦沾利涉之泽，至今日碑犹存也。”予谋于同里柯、杜二君，以为许可。因起土为堤，驾石桥以度之。而山僧月池者，素抱桑门[⑤]空寂之性，喜夫山环水曲、岸僻潭幽，其寺基宛若盘谷，户外之声，松竹韵雅，与流水响泉相应。嘱余言以记之。

法　华　寺

龙山之阴[⑥]有法华寺，乃寺僧悟空所建。门外青松四绕，暮鼓晨钟，不绝于耳，真佛地也。

① 乡耆：乡里中年高德劭的人。
② 昙刹：佛寺。
③ 形家：旧时以相度地形吉凶，为人选择宅基、墓地为业的人。也称堪舆家。
④ 鸣珂：达官贵人所乘的马以玉为饰，行则作响，因名。
⑤ 桑门：僧侣，“沙门”的异译。
⑥ 龙山之阴：龙山之北。山南为阳，山北为阴。

彤云阁

在逻迦山之阴[1]，昔供关公，今住僧，又供释迦佛。阁后有一洞，忘其名，僧人诬称藏盐洞。

龙宫

在龙山之麓。大旱，乡人皆祷雨于此。

真武庙

引胜桥山下有红庙，即此。

圆通寺

在灵泉宝盖山，郑璧住宅所改。即应山县宋状元郑獬之苗裔也。

忠文祠

在灵泉朝阳坡上，宋张叔夜公之祠，宋高宗建。

忠文祠

天下才能之臣，可以任事；公忠之臣，可以托国；节义之臣，可以共难。若忠文张叔夜者，大宋一社稷臣也。当国家多难之秋，惟公

① 在逻迦山之阴:彤云阁应在山之阳,20世纪30年代武汉大学迁入新校址后尚在。

奋不顾身，以捍社稷，虽张浚、刘锜[①]之才能，李纲、宗泽[②]之公忠，世忠、世杰[③]之节义，无有居其右者。盖忠文之才节，在朝廷则朝廷安，在边疆则边疆宁。迹其御辽、金于居庸，摧金人于潼关，破宋江于梁山，擒李通于海门，斯其功岂出武穆[④]下哉！无如天运方终，宋室不造，而公之父子兄弟同死国难，其孤忠亮节，堪与天地同流，日月争光也。太敬仰高风，而见公之精爽无在不著，公之节义无一不备。宋高宗所以称为社稷臣，而晦翁所以许为第一人也。

乡贤祠

在灵泉祠基，土名“朱杨庄”，自汉始。

乡贤祠序

明　杨继本

古来有功德于民者，国史书之，庙祀享之，用以志不朽也。他若学问足以师世，道德足以维风者，皆载以祀典而不废。灵泉之有乡贤祠也，自汉唐始，今其祠，栋折瓦解矣。乡先生曾公、张公睹斯祠之

---

① 张浚：宋大臣，建炎三年（1129）任知枢密院事，力主抗金，重用岳飞、韩世忠，稳定南宋政权有大功。刘锜：南宋名将，从张浚参加富平之战，有战功。在顺昌曾大破金军兀术主力。

② 李纲：宋代大臣，高宗即位，拜相，力主抗金。宗泽：宋名将，元祐进士。高宗建炎元年（1127）任东京留守，招集义军，任岳飞为将，多次战胜金军。建炎二年去世，临终时还大呼“过河”（抗金收复失地）。

③ 世忠：韩世忠，南宋名将。建炎三年率8000名士兵在镇江和金陵黄天荡一带力拒金兀术大军。建炎四年在大仪（今江苏仪征东北大仪）大破金和伪齐联军，时论此役为中兴武功第一。秦桧谋害岳飞时曾当面诘问秦桧。后自请解职，交出兵权，闭门谢客。张世杰：南宋抗元将领。与文天祥、陆秀夫等力战抗元。与元将张弘范在海上决战，兵败突围时遭台风不幸遇难。

④ 武穆：岳飞死后之谥号。

朽蠹，爰命工师采取良材，焕庙而饬修之。工竣，聚一乡之父老子弟以落其成，且告之曰：“某，其国之名臣也。某，其邑之名儒也。某，其里之仁人孝子。某，其邻之烈女节妇也。皆国史所不及载，庙祀所不及享者，吾与里中诸君子同祀，皆前人激浊扬清之微意，以为吾乡励顽磨钝之善术。吾亦由古之道耳，宁于乡贤有溢美耶[①]。”众皆举酒以为二公觞。公谢之。

嗟乎，时至今日，人往风微，而犹古道于一乡，则庶几古人之未泯也。诗有云：“风檐展书读，古道照颜色。”其斯之谓与？诸公属余叙以纪之。同人朱鉴、沈诗言于旁曰：“此吾乡之节义文章也，真可以为天下后世风焉。”

乡贤祠书

明　董　礼

古者朝廷举贤之谓“征”，郡国荐贤之谓“辟”。无以举之，莫或荐也。无以荐之，莫或举也。明兴，圣天子崇儒重道，求贤若渴，于洪武五年壬子遣御史大夫降诏于廷曰：“朕闻贤者治天下之本也，才者安天下之具也。念世经乱离，贤才伏处，山巅水湄之区，多隐逸焉。朕恨不罄知也。昔年康茂才荐江夏贤士三人，曰辜皋，曰曾太，曰张诚，高卧灵泉，耻食元禄，志节可高。朕书于帏间，经历春秋数载，想其人皆皓首焉。汝御史张育载厚币以聘，务令安车[②]就道，来游于廷。如果才堪重任，社稷苍生之福也。朕得虚左以待。”由是观之，圣

---

① 耶：底木“矣”字自改为“耶”字。

② 安车：古代可以坐乘的小车。古车立乘，此为坐乘，故称安车。供年老的高级官员及贵妇人乘用。高官告老还乡或征召有重望的人，往往赐乘安车。安车多用一马，礼尊者则用四马。

天子求贤如此之殷也，贤士抱负如此其伟也。天下文明，其道光也。由是敬书于庭，以对扬我天子休焉。

乡贤文

明　张　郁

自古名山望谷，未有不以人传者。试观今之域中，若五台、九华，匡庐、伏牛，南岳、西峨[①]，历千百余年，屡经兵火之厄，既毁而复兴者，岂惟恃佛说动人，亦山之灵秀其有关于气运居多者。

吾江邑诸山，如凤凰之钟恭武孟宗，高观之钟北海李邕，金溪之育当世冯京，勋名道德，卓冠古今者，皆岳渎之灵，山川之秀也。江夏一山，汉名夹山，唐天宝中更名灵泉，群峰环列，如万马奔腾。中有一泉，澄清碧湛，旱祷辄应。外有苍松数千株，枝干扶疏，郁然远映。唐高僧百岩栖隐于此，至宋淳熙，李定远始阐道场，作庙于其中。张宾王复恢其旧址，既足以媲美三十六之胜，而蛟龙集又于焉酝酿甘霖。故循良之吏，非此无以览名胜；旷达之豪，非此无以舒幽抱。而席珍励剑之士，其修藏息游多暇，是为登眺之所焉。自元以来，若沈公如筠、张公孝廉，其宏词博学，铿然有金石声。幸沐国朝雅化，人文蔚起，同时而生，应运而钟者，方伯杜宗晦、给事李时亮、太常邹彦魁、副使杨继本、冢宰张添祐、尚书曾太、按察沈锺，以及王庾、董礼、郑壁、樊镛，名宦豪翰，先后相望，莫不为士为民、来歌来游于此，而科甲[②]之盛，今皆赫赫然可以指数。至于登高作赋，抚景寓言，其有关于民风士习者，又已说尽于吾儒矣。

① 伏牛：伏牛山，在河南省西南部。西峨：四川峨眉山。
② 科甲：汉唐取士设甲乙丙等科，后因通称科举为“科甲”。

郁不敏，词忝董狐[①]，何能传乎盛迹？笔非太史[②]，岂克藏之名山？窃附其说，以俟观风者采择焉。

东山书院

在洪山黄鹄矶上，相传东方朔[③]读书处。今废。

孝感祠

在大东门外白鹤山。御史王恩以岳王与孟宗合祀，改名忠孝祠。今岳王别建庙，孝感祠仍旧。

楚府宗祠

在灵泉山昭寝侧。

忠烈庙

祀岳武穆，在县东五里旌忠坊，乾道六年建庙，墙壁上书“精忠报国”四字。康熙三十三年，岳宏誉乃王二十四世孙，提学湖广，勒碑记于庙。

---

① 董狐：指春秋时晋国正直的史官董狐，直笔记事、无所忌讳。

② 太史：指汉代伟大史官司马迁。

③ 东方朔：西汉文学家。武帝时为太中大夫，性恢谐滑稽。后世关于他的传说很多。

村　　集

豹子瀣

在湖之东北西径里。豹瀣桥头有石，形如豹子，遂名。石今移宝桥寺前。其地多鲍姓，疑即鲍字之讹。

冯子瀣

在夹山里，以冯司徒式居此得名。

孟　桥

在湖之东，相传孟司徒所建，即孟桥铺。

灵泉古市

古市始于汉，迄唐浸盛。时市在山外，相传宋张芸叟锄地得金钜万，召商集至数百户。元则蔚然大镇，后毁于红巾[1]。明初复聚，阛阓闬闳，烟云浡郁，张、沈、邹、杜、樊、曾、董、李，里称八达者为最。今其地即楚藩九寝。

---

① 红巾：此指元代末年农民利用白莲教组成的起义军。以红巾包头，以红旗为号，故称。

灵泉古市记

樊　镛

灵泉古市，四围皆山，苍松古柏，行云流水，四时有长夏之景，余未写其胜概焉。自汉以还，人物尚稀；至唐而渐盛；至元而极盛。唐时古市在山外，居聚致货，民往往利之。宋时迁市于内，约有数百户，至元时则蔚然一都会矣。未几，为徐寿辉、刘福通[①]二贼所洗，一片荒墟在望，人物俱尽矣。国朝洪武初，张、沈、邹、李复起为集五十余年，比宋元更有加焉。今上征市[②]之法，岁不过三，民力宽然有余，而绝口不言贫。大抵秉礼义者多，而争讼者少。岁时伏腊，具酒浆，读律法，咸遵约束，是以处华而不奢，入纷而不乱，而一二淳庞之风、和乐之气，浸于人心，达于闾巷，犹有先王之遗民焉，故可嘉而可美，可述而可志也。

梁子集

在梁子湖。

油坊岭

在沙湖卓刀泉东。

纸　　坊

在沙湖东。

---

① 徐寿辉、刘福通：二人均为元代末年农民军头领。

② 征市：市场税收。

父 子 岭

在沙湖东。汉樊瑛父子墓在焉，樊哙之孙。

二 妃 岭

在沙湖东，有二妃寝。

沙 子 岭

在沙湖之东。

五 里 界

在湖之东南。

鲁 家 巷

在沙湖之东。

永 丰 里

在沙湖之东，与咸宁界毗连。

夹 山 里

在沙湖之东北，即灵泉山后。

茶 楼 镇

在沙湖之樵湾。

歌 笛 村

在“湖山第一”。

长 山 铺

在湖之东马鞍山下。

左 氏 居

在修贤里。

左 氏 居

明 王 北

江夏人物，三代之世[1]，喻良、喻史为伯禹[2]上卿，修三皇五帝之纪，其杰出者乎！至商而有官礼衙衡，推算阴阳礼乐，八索九丘、三坟五典[3]之书，无不读矣。成周之代，屈伸宋策，为武王太史，通两仪[4]，达三才[5]，洵不可几矣。下至梁隋，陵夷殆尽，有若左天垣字光斗者，习《左氏春秋》，振起其间，于仁寿初拜右相，谢政而归，力挽楚风，学者师事焉。湖山自乐，终老于修贤中云云。

---

① 三代之世：指夏、商、周。

② 伯禹：夏禹。

③ 八索九丘、三坟五典：古代典籍。《左传·昭公十二年》：“是能读《三坟》《五典》《八索》《九丘》。”杜预注：“皆古书名。”

④ 两仪：指天地。《易·系辞上》：“是故易有太极，是生两仪。”孔颖达疏：“不言天地而言两仪者，指其物体；下与四象（金、木、水、火）相对，故曰两仪，谓两体容仪也。”

⑤ 三才：天、地、人。《易·说卦》：“是以立天之道曰阴与阳，立地之道曰柔与刚，立人之道曰仁与义。兼三才而两之，故《易》六画而成卦。”

山阳居

在冯家澥。

山阳居

明 王 圯

地不僻不足以避喧，山不静不足以消闲。圯守先人遗宅，土名冯家澥，植松柏以绕户，插绿柳以横堤。北山南湖，聊适野趣，喜其无车尘之迹耳。余筑室初成，郑先生子璧过访，余留坐于轩，取宝炉焚异香，闲谈古今。先生曰：“子之居，冯当世之故居也。子之炉，李道宗之遗器也。”余曰：“然。”先生吟诗于庭曰：“灵泉山下南阳居，盈盈一水玩月池。昔日龙来冯氏卧，今年燕向王家飞。”因名其地为“山阳居”，谓余居山之阳也。

黄公乡

今之太平里。汉关羽、宋岳飞皆屯兵于此，即五谷城。

黄公乡志

明 张 璞

西南九十里，有地名黄公乡。是黄公者，吾不知其何时人，亦不辨其名字，而后仅以乡传也，亦可慨然矣。璞居京师十余年，读《汉室名臣传》，见黄琼自叙年谱，并其里居，而黄公之居在江夏五谷岭也。又考汉唐古志，琼墓在青石邑，琼祖墓在黄陵山之东南。今考其地，止有五谷城，无所谓居矣。或曰汉关羽屯兵于此，或曰宋岳飞驻兵于此，亦无容深辨矣。然观其寨门城垒，如五花阵图。噫，曾是仕宦也，而有此居耶？

余至青石店，见通衢往来，无所谓邑也。想“驿”刻为“邑”，殆字之讹耶？及访黄公墓，其农夫野人无一知者，后之人其就从而见之耶？徐行至仙人山在湘东里，遇一老叟，坐一独石后名仙人山，庞眉皓首，问其年，九十余矣。予询之老叟，曰：“今之五谷城，即黄公乡也。今之蔡氏庄，即黄公墓也。”语毕，倏然一揖而去。

沈子澥

在夹山里。乾道出人才，李沈后人以其名称。

出　　产

武昌鱼

梁子湖所产各种鱼虾甚多，惟樊口扁鱼，其味尤美，俗称“武昌鱼”者即此。

鲫　　鱼

沙湖鲫鱼，其肉嫩肥，川汤[1]，与西湖宋嫂鱼同美。

洪山芸菜

芸菜，俗名油菜苔[2]，宝通寺相近最佳。清相国李鸿章[3]带回安徽种之，则味变，嗣将洪山土泥搬回，仍不得法。

藕

沙湖所种之藕，味甜而嫩，比苏州之塘藕相类。

---

① 川汤：即汆汤，做菜时将食物均匀放入锅内清汤中略煮的方法。

② 苔：应作“薹”。

③ 清相国李鸿章：此为作者误记。嗜食洪山菜薹者乃其弟李瀚章。据王葆心《续汉口丛谈》记载：“光绪初，合肥李勤恪瀚章督湖广，酷嗜此品（洪山菜薹），觅种植于乡，则远不及。或曰‘土性有宜’。勤恪乃抉洪山土，船载以归，于是楚人谣曰：‘制军刮湖北地皮去也。’”

白莲藕粉

他处皆以菱冲，亦提不干净。今沙湖藕粉，直正洁净，以湖水调之，色味尤清。

黄 米 粘

沙湖峰墩嘴附近所产晚米，俗呼黄米粘，味浓多香润。

风　俗

正月十五日，灵泉游寝会，乡里男女皆至昭王九寝，焚香化纸，以铜钱向寝前碑石上磨光，悬挂儿童身边，俗谓驱凶迎吉。

二月十九日、六月十九日、九月十九日，观世音诞期，善男信女皆至灵泉寺、正觉寺、宝通寺朝山烧香。

清明日踏青，妇女皆游湖，至逻迦山金月英墓烧香祭扫加土为会。

三月二十一日，建设沙湖之第一日，故以是日为纪念会，以志盛感。

三月二十八日，东岳庙为天齐会，远近居民先期演剧，届时十曹燃烛，铙铎步虚①声不绝。市中百戏②众陈，观听骛集。俗称：三月二十八，家家户户吃甘蔗。习惯相传如此。

端午，乡人以蒲艾插门，饮雄黄酒，食角黍③。琴父拟用彩阁以代龙舟，亦示吊屈之意。

五月十三日，御泉寺有卓刀泉，为单刀会。俗呼是日雨为磨刀雨，天晴则麻熟，盖谓不雨则磨以油也。

七夕，乡人多食芰，俗曰“齩④巧”，讹“乞”为“吃”也。

八月十五日，为游湖节。市人士都至沙湖泛舟玩月，达旦而返。

---

① 步虚：道士唱经礼赞。

② 百戏：古代乐舞杂技的总称。此指庙会中的各种演出及物品买卖。

③ 角黍：粽子。

④ 齩：同“齩”，咬。

九月九日，沙湖之龙山上，相传孟嘉落帽于此，故后人于是日登山，作重阳登高会。

杂　　俎[1]

宝峰义里志

何　炌

楚地多名山大川，而间气[2]所聚，恒钟为异人，灵泉一山，已见昔年衣冠人物之盛矣。而今也，名贤不再，风流歇绝。

炌也僻居湖山，抱琴书以自娱，恨良友之无多，抑又自悲矣。丰山邹子鲁楚府仪宾、李子仲文、张子廷学俱邑庠生，皆博学能文，故名家子也。余忝莫逆，连灯[3]于宝峰寺数年。时春月明星辉，忽见野燐如炬，化为白虹，冷然寒气之逼人也。予疑其为光怪也而诧之。邹子曰："此王将军飞身之处灵泉王道宗飞金身于此，唐人修祠以祀之。"余益疑焉。邹子曰："生而为英，死而为神，又何疑焉？闻乾道初才人李沉构书斋于祠左，启南窗心[4]舒啸，开东户以吞湖，故今传为沈子海云。五代季火于兵。王氏子孙掘井得石碑，上镌"宝峰山寺斋"。宋李公宗孟年十二，举神童，为中书舍人，大建庙宇，题为"宝峰寺"，因其旧也。元相沈如筠置义田四十担于寺中，以助寒士。明洪武初指挥使李

---

① 杂俎：杂录。俎，古代祭祀、燕飨时陈置牲体或其他食物的礼器。意谓如菜杂陈于俎，故称。

② 间气：旧谓英雄伟人，上应星象，禀天地特殊之气，间世而出，故称。《太平御览》卷三六〇引《春秋演孔图》："正气为帝，间气为臣，宫商为姓，秀气为人。"

③ 连灯：同室共读。

④ 心：疑应作"而"。

贤屯谷数千担于漕公嘴，以给旱潦。此吾乡之仁人义士，堪传不朽也。”

予闻其事而壮之，非志寺，志义也。

宝善录

聂文湛

天下之表表[①]人群者，非有显名奇节之行，不足以传于后世。江夏自汉唐而下，以才学名世者，黄琼、黄琬之名于汉，孟嘉、孟洪之名于晋，李善、李邕之名于唐，冯式、冯京之名于宋，皆楚之良也。而勋猷烂然者，如王道宗、张宝相之收功异域、威震强胡，同炳为史册之光焉。若神奇不凡之士，则宋之李宗孟、明之张添祐，不可等伦视也。然犹曰才具又若出于天性，不可学而能得，则千古一宗孟，千古一黄香也，我朝之忠烈最优者，若张公璞字中美之死于逆瑾参□□□[②]瑾专权，贺逢圣之死于逆贼张献忠破鄂，溺滋阳湖死，熊廷弼之死于明党宰相叶向高、沈一贯百余党排挤杀之，吴中裕垒石之死于杖下参魏忠贤，杖死，其死不一也，而忠义不变之心则一也。皆忠臣，时人号四贤，江夏学宫有四贤祠。皆善也，皆足志也，吾故表而出之，以为宝善者取焉。

灵泉山水乐

董　礼

人生适意之境，不过诗书，而诗书得意之境，无如山水。盖诗书之乐，乐以心，而山水之乐，亦乐于天，二者一致，弗可遗也。由斯以论，故必有山水而始足以发诗书之奇蕴，有诗书而始足以穷山水之奇情，此古圣贤谅有同情，非仅文人学士所独好也。

---

① 表表：卓异，特出。

② □□□：底本无法辨认。

今览灵泉胜概，有峰有峦，有泉有流，有松有柏，有树有竹，有烟有云，有鹤有莺，有鹿有虎，有桂有兰，有花有卉，有溪有鱼，有轩有亭，有楼有阁，有市有店，有茶有酒，无一不备，大约不外山水而增其美也。余喜读书，尤好踏山，更好临水，与二三良友，或春游芳草而花从鸟啼，夏赏绿池而鱼梭荷衣；或秋饮黄花而月影潭空，冬吟白雪而琼楼玉宇。觉四时之景，无人不与人同也。而余之所取者，独取夫松景雪景、风景雨景、烟景雾景、霞景云景、清景朝景、爽景晚景，间尝评论之：雪景之奇，奇在松而不在雪；雨景之奇，奇在风而不在雨；雾景之奇，奇在烟而不在雾；云景之奇，奇在霞而不在云；朝景之奇，奇在清而不在朝；晚景之奇，奇在爽而不在晚。

噫！宇宙变变化化之道，尽在目前；造物活活泼泼之机，泄于山水。吾愿与一二达士名流共领取之，故作山水乐之图，以喻吾同志焉。

灵泉四宝

张　弘

灵泉书斋一怪石，得诸山海关外，高三尺余，奇洞千窍，对月光照之，有千小月，觉宇宙幽邃，寻玩不尽，一奇宝也。一小石砚，方圆四寸，厚一寸，外边有鱼痕纹，浪色青赤，春夏磨墨，微杂烟云，池上刻“芸窗[1]伴业”四小楷字，如鹅眼钱[2]，注水生绿。旁镌“状元张栋一至宝也”。洪武初，紫荸园得古铜鼎三十六斤，珠光霞彩，灿烂夺目，烧香其中，浮云如盖，盘卷无已。腹刻“江夏王李道宗制”，

---

① 芸窗：窗下案头放满书籍。指代书斋。芸：芸编，指书籍。芸，香草，置书页内可以辟蠹，故称。

② 鹅眼钱：古代一种劣质的钱。《宋书·颜竣传》：“景和元年，沈庆之启通私铸，由是钱货乱败，一千钱长不盈三寸，大小称此，谓之鹅眼钱。”

至今犹以享祀，又一至宝也。斋藏古书二十担，纸洁字爽，读之必净手焚香，学山学海，如在案前，不必遨游四海，而天下奇观已尽于是，此更为无价宝。有此四宝，余无足宝。

灵泉山内八名家录

李　盛

灵泉山自汉燕山樊建扦其父武阳侯樊哙于天马峰下[①]，今属江夏，其由来旧矣。而唐李北海之子李暄卜居白云阿中，代产贤人，世膺公卿，其发祥远矣。太宗朝李公讳道宗者，为唐名将，又封王于此，后世子孙杜淦依外家为姓，遂以肇方伯[②]之迹焉。元贤曾太、辜皋僻处岩谷，贫居著书，之二子者以布衣而作尚书，以秀才而为侍郎，亦奇遇矣。隐相沈如筠，元朝名士；神童邹智，巴蜀才子，其苗裔皆著迹于斯焉。明处士张诚，宋忠文公张叔夜之后也。五子百孙，一作盛朝元老，一作开国元勋，建功而垂竹帛，其声施至今弗息。

由余观之，要皆灵泉之杰士、江夏之伟人也。因历历纪之，以乐观其盛云。

---

① 灵泉山自汉燕山樊建扦其父武阳侯樊哙于天马峰下：此句疑有误字。樊建，樊哙之孙。楚汉相争，樊哙居功至伟，封舞阳侯。惠帝六年，樊哙卒，子樊伉代侯。吕后崩，大臣诛诸吕，樊伉亦被诛。舞阳侯国中绝。因吕后当政时曾封樊哙之孙樊建江夏黄武之地，汉文帝时，樊建袭封为江夏侯，遂徙樊哙墓于江夏灵泉谷。据此，此句当作“灵泉山自汉燕山樊建（扦）〔迁〕其（父）〔祖〕（武）〔舞〕阳侯樊哙于天马峰下”。

② 方伯：殷周时代一方诸侯之长，后泛称地方长官，汉以来之刺史，唐之采访使、观察使，明清之布政使均称“方伯”。

灵泉八家记

樊时中

吾灵泉里居有数可美：一湖山景色可美，一人物仪容可美，一风俗教化可美，一八家子弟诵读不息可美，一四十九户礼让不衰可美，一文士名流往来不辍可美，一乡绅先生尊亲不替可美，一琴棋书画、诗词歌赋之学无一不习可美，一亭池楼阁、竹树云烟之类无一不雅可美。此学士大夫好奇游览者，往往流连盘桓于此云。

灵泉宅第记

张廷凤

外环石垣，前有月沼、莲池、台阁、楼榭，甚壮丽，北有紫萼园，南有瑞芝堂，左秋风，右春露，绕山四围皆古柏苍松、行云流水，无不有焉。明初八家同居其地，丁男数百户，极一时之盛。后被焚，靖、端两藩[①]所毁夺，遂失其地。

灵泉八大缙绅序

沈宝之

盖尝读书至“太史公曰：古者富贵而名磨灭者可胜数[②]，惟倜傥非常之人称焉”，诚哉是言。予灵泉山而汉、而晋、而宋、而齐、而梁，以及唐、宋、元、明，鹏抟凤翥[③]，云蒸霞蔚，惟樊、李、张、沈、邹、

① 靖、端两藩：即明藩楚靖王、楚端王。

② 据汉班固《汉书·司马迁传》，“可胜数”前脱“不”字。

③ 鹏抟凤翥：大鹏抟巨风远游万里，凤凰凌云飞舞。比喻前程远大，仕途亨通。

曾、董、杜为尤盛，人文[①]奋起，科第绵连，约举一二，余皆可见。

故其时杜有方伯宗晦，沈有隐相如筠，探花天祐称张氏才子，翰林智生号邹家神童，曾子太以处士而征尚书，董子礼由进士而为通政[②]；居给事中者有李时亮，升巡江道者惟樊时中。人尽垂绅缙笏，堪作元朝砥柱；家皆敦诗说礼，永传台阁声名。猗欤休哉！何其隆也。而不虞贤才方盛，大盗旋起，明楚藩昭、庄、宪、康、安、靖、端、愍横行肆虐于八家，毁其牌坊，掘其坟坑，夺其宅第，视其流亡，则蜂虿荼毒之余，倘所谓女包烋[③]中国，敛怨以为德者，是耶？非不信然耶？

沈子曰：呜呼！自古名公巨卿、忠臣孝子、烈女节妇众矣，未有盛如此者。如此而犹不能免，其他则又何说！悲世路之崄巇[④]，橘逾淮而化枳。自是而八家弟子南辕北辄[⑤]，已未免于寖消矣。然而《左传》曰："公侯之子孙必复其始。"此又何称焉？吾故于同人有厚望云，是以序于凌云堂之南轩。

灵泉人物纪

董　礼

灵泉山水之奇，代生伟人。汉自樊哙卜葬岩阿，而南阳处士樊英避乱隐居，倚祖而庐，其志行有足称者。唐有张偿、李沉、李道宗，宋有李孟宗[⑥]，元有李慈溪、张宾王、沈如筠，明有李元善、张添祐，

---

① 人文：此指礼乐教化。

② 通政：指通政使。明清时收受、检查内外奏章和申诉文书的中央机构为通政司，其长官为通政使。

③ 包烋：即咆烋，亦作"咆咻"，大声叫嚣，形容人的桀骜不驯。《文选·左思〈魏都赋〉》："克剪方命，吞灭咆烋。"张载注："咆烋，犹咆哮也。"

④ 崄巇：险巇。

⑤ 辄：应作"辙"。

⑥ 李孟宗：应作"李宗孟"。

皆少年才隽，雄文大笔，驰骋古今，而风流余韵遐想见之，此得非山水奇乎！

灵泉品题

潘　缙

江夏人文之祖，首推曾太；德行之优，无如张诚；才子之秀，共逊天祐，而李选即其亚也。忠厚之遗，尤有邹、沈，而董、杜又其选也。余闻灵泉诸君子皆博学弘才，冠绝一世，章文意气，蔚然一乡，其时敦古好修之士，竞尚廉耻，俗恬民熙，宛然太古，不徒蕴藉风流已也。

夹山品题

前　人

匹夫而化乡人，吾闻其语矣，况名卿乎！吾乡儒者耻其不为君子，吾乡农夫耻其或为小人。百余年来，士不侈口以谈文，民不轻身以试法。良由朝廷有流风善政，草野有故家遗俗也。士习民风安得而不古若也？

灵泉八达名宦

樊。鉴、镛、时中。张。天祐、必贵、锺灵。李。时亮、元善、友文。曾。泰、守如、敬。沈。贲、锺。杜。一敬、宗晦、一山、并。邹。彦魁、继鲁、邦奇。董礼、陶谷、珍。

其余郑璧、潘缙、曹闾、王庚、杨继本、汤弘以及程、陈、唐、黄诸家，皆新附，故未尽录。

灵泉穴地总记

沈宝之

庄子曰："凡人心险于山川。""祸兮，福所倚，福兮，祸所伏[①]。"又曰："圣人生而大盗起[②]。"予灵泉内山八户，外山四十九户，宅第祖茔，俱得山水之胜，一旦被明楚藩洪武三年封第六子桢为楚王昭、庄孟垸[③]、宪季埦、康季埱、安季墂、靖均銚、端荣㳚、愍显榕，嘉靖二十四年为子英耀争韦童所弑所毁[④]，豫作吉兆，随为寝园。

故灵泉北山武阳樊侯[⑤]，今昭寝，侯墓迁东边。昭寝中堂东下即元观文殿相国沈如筠墓，今平。张府祖茔，掘。唐江夏王李道宗寝，迁，今宪寝是。宋张芸叟墓，存。明张中美墓，掘，稍迁东。张公添祐与夫人沈氏如筠女合葬墓在昭寝之西，公灵显应，不能掘，碑，石台所压。昭寝大白石拜台，即张府大堂口之石。沈氏并邹太常墓，俱掘。张公辂墓在天马之西，石隔坚硬，楚藩唤石匠王成凿洗三日，开棺，袍带依然。稍移于南山，今贺妃寝是也。再观南山唐宰相李鄘之蓼莪堂，平。明户部曾太夫人李氏墓，掘。董公辜皋墓，存。内有樊、张、邹、沈四乡绅墓，掘。今靖寝西内唐李沆、李毅墓俱存。明张公诚[⑥]在东偏，欲掘，天大雷，止。今庄寝附之。更观唐李四墓善、邕、暄、鄘，俱葬九峰狮子山后，楚藩夺地为九峰寺，遂迁葬于九峰前盘龙山。

---

① 祸兮，福所倚；福兮，祸所伏：语出《老子·五十八章》。本句非庄子语而为老子语，句前当补"老子曰"三字。

② 圣人生而大盗起：语出《庄子·外篇·胠箧》。

③ 垸：应作"烷"。

④ 一旦……所毁：明楚王墓群是明朝八代九位楚藩王的陵寝。分别是昭、庄、宪、康、靖、端、愍、恭、贺九王。无文中所提安王。应有误。

⑤ "侯"后疑脱"墓"字。

⑥ "诚"后疑脱"墓"字。

呜呼，只顾一时奸邪之私谋，而愍不畏死。那知千秋士民之清议，而毫不可逭。以彼任意侵夺，逞志毁灭，此古所谓“小人而无忌惮”[①]之尤者也。

地理[②]闲评

沈世昌

江夏名地[③]，尽于九峰之狮子山。

唐李邕、李暄诸墓在其上，俨然天地居尊之象也。楚藩平之以为寺，移其冢于盘龙山，李氏因以衰也。黄柏山下俗传有汉黄琬之墓焉，我观灵泉，端、愍伤之，故宗大族后将衰矣。张公之骆驼卸宝[④]，实自天葬，非人为也。张诚墓，欲凿，雷鸣乃止。罗山之湾，俗谓七星朝斗灵泉山外，余先人所以蔽风雨也沈如篁墓。沈宗武埋玉于此骨谓之玉，误矣。前去为赵地，即晋陶侃之连珠宿草也。其南山向则唐相李景望之落雁投湖也今胡宅后。龙塘山间龙塘湾，宋张元载之绵[⑤]鲤化龙，瞻之在前，忽焉在后有龙变化。喜雀林中，明李元善之碧梧栖凤，如在其左，如在其右穴难定。径途中干分枝，如孟宗之渔翁晒网汉孟宗有石城，杜淦之仙人捧桃二墓径途，维水锁南塘，而真宰无灵，纵有石槨佳城，亦徒然耳。再察西南之形势，梁湖亦称大观矣。赵松雪空有玉梭之虚名，沈宗文竟无金钗之实迹，而张百谷之芦花飞絮在乌刹寺野鸡嘴，尽有可观者矣。

---

① 小人而无忌惮：此处所引古语出自《礼记·中庸》。

② 地理：风水。宋王辟之《渑水燕谈录·高逸》：“〔僧〕文幼薄能为诗，精阴阳地理。”

③ 名地：出名的风水好的地块。

④ 骆驼卸宝：及后文中七星朝斗、连珠宿草、落雁投湖、锦鲤化龙、碧梧栖凤、渔翁晒网、仙人捧桃、芦花飞絮等词，都是堪舆家从所选墓地，依合周围山水形势，点穴后起的吉祥名字。

⑤ 绵：应作“锦”。

略书所见，以为考古者之一证云。

占永丰山

永丰山下，明处士张添祐、五经博士张郁之墓在焉。楚端之张沈祚七世孙弗至[①]，楚慜藩占沈祖山。沈力抗官尉。王恶之。未几，官尉二员病殁于熊姓家省垣即□[②]岗祖居。王诱之以利，欲架祸于沈。熊翁曰："吾岂不顾子孙耶？"王陷熊翁于狱。沈年八旬，目识千行，力运千斤，王诬沈为乱。沈赴京上书以白其冤，上慰之，遣归。王召勇士数百人围沈宅，欲撞杀之。沈有友先知之，以告沈。沈携子孙童仆跨马夜行二十里至官步桥。鸡初鸣，有李生者，沈故乡人也，避楚藩害居此，遂留沈饮，且歌诗以赠之，曰："一壶酒送老行仙，醉染春风杨柳烟。"沈赋曰："八十老叟乘马去，不知后会在何年？"后人遂为李生送行歌。

拨换灵泉山事实

灵泉山，古称名地，汉、宋、唐、元，八姓同居。暨明正统十二年丁卯，内有邹姓换地于楚王朱季埱康王，众姓未换。成化年，靖王朱化钩托武邑族人张锺灵代换，众亦弗许。王深恨之，竟亲临面换。张长空等先声抗论，声喧林谷。王怒，自击其首，血本上奏，诬为谋杀。众姓俱走。科道官[③]上奏"楚藩怙情欺君，未可深信事"。张、李二姓挺立不移。至弘治间，端藩荣滅又易换，二姓终弗许。王遂连年

---

① 楚端之张沈弗至：此句疑有脱文。据下文楚靖王曾"托武邑族人张锺灵代换"土地，此"张"或亦为楚端王所托代换土地之"张"姓族人。

② □：底本漫漶不清。

③ 科道官：明清六科给事中与都察院各道监察御史统称"科道官"。

叠害，至正德十三年，尽夺其地。二姓移居，屡次叩阍[①]，彼此胜负未定。讫至愍藩显榕，愈肆恶欲，欲翻案求胜尽诛二姓苗裔。惟世宗肃皇帝厚煉[②]以安陆王代武宗毅帝位嘉靖，深知楚藩播恶情弊，杖死宗室三人，仍复八姓守土祀奉先人之坟墓。真仁主圣主有道天子也。

正统时邹元儿、林森换居宅于靖王，祸始于此。后沈天贵、天爵又换地于端王。王喜之，赐以朱姓，惟张、李不换。

奉旨拨换灵泉山公案

楚府自弘治二年八月疏“为破脑伤首，罪同弑君事”。是疏以血掌涂于上，连用三痕，皇上震怒，即遣三法司[③]，赐上方剑[④]一口，并湖广巡抚协围张、李二宅抄家，执凶魁赴京待问。御史孙公秉直、谏台杨公世英力言其诬，始下廷议，宜以三法司往勘可也。及三法司回复，止以山场拨换官产，并无破脑伤首之事。上怒稍平。

楚府九月复疏“为宦臣谋王，故杀非诬事”。疏中语侵部堂[⑤]。上疑部堂有私，忽出内旨：如敢故杀情真，即着羽林军三千星夜赴灵泉山严拿张、李二姓全族至京分处。有侦信报来，灵泉绅衿士庶逃走一空。时给事申公以赞、俞公华国、桂公以正等特奏：“楚府怙恩欺君，未可深信，不如且止羽林军，免惊骇百姓。陛下一行偶失，万世共议，伏乞钦差行查。”适鄂于渚天子内侍以他事往湖广，回京复命，上问曰：

① 叩阍：即叩阍。百姓和官员因冤屈等直接向朝廷申诉，谓之“叩阍”。

② 煉：应作“熜”。

③ 三法司：明清两代以刑部、都察院、大理寺为三法司，遇有重大案件由三法司会审。

④ 上方剑：即尚方剑。古代天子派大臣处理重大案件时，常赐以剑，表示全权授予，可以先斩后奏。

⑤ 部堂：指上述三法司中有关官员。

“江夏乡与楚王争构，是非何如？”鄂对曰：“此陛下家事，臣不敢言。”上曰：“但说何妨。”鄂对曰：“臣老年迈，未知颠末。有董正乾悉得其详。”上唤董讯之。董正乾曰：“臣到江夏，闻江夏父老百姓皆言楚王毁了张天官忠节牌坊，拆了宋高宗忠臣庙宇，又说强掘张家冢山，及毁民房千余间，余不具知。”时人曰：“当时若无董正乾，家家户户难过年。”上曰：“张、李故杀楚王事，你知否？”乾对：“故杀是假，油赖是真。”上闻言，默然不语，已知其诬矣。次日遂有旨：“如果故杀是假，油赖是真，着三法司谕湖广巡抚地方官，姑免究提。”此弘治年间事，遂寝其案。楚府使人在京侦探，每有斡[1]旋，王必知之。正德时生风波，楚府疏称“二姓盘踞京师，内外杂职四十八虎，尾大难掉，多方布置，遮蔽圣聪”事。上：“将张通、李典等官发刑部勘问明白，处分停当来奏，毋得徇情蔽护，有干法纪。”正德末年事。上晏驾，未结案。嘉靖年间，楚府又翻案。上允奏。掌堂陈嘉言与科道官合审，勘得：“正统年间以王庄三百石[2]拨换张、李二宅坟山住基。二姓不愿得三百石之产而失祖宗之坟，以致构怨数十年。楚府今年上本，明年上疏，未免借事生风也。张、李今年叩阍，明年待罪，岂肯顾子失母也。数十年叠案如山，先帝并未剖决，朝臣不敢言公共上四十二本。今蒙圣谕‘勘问明白，处分停当来奏’，臣敢不矢公矢慎，以自干犯纪法耶？昨阅湖广布政咨文云：楚昭王、庄王已葬灵泉山，三分有其二。张、李二姓虽欲不与，得不与哉！由臣等处分，以原日拨换为据，其余八姓之坟，仍许祭扫。朝廷教人报本追远之德，莫厚于此。至于张忠文石坊、庙宇出于宋高敕赐，当修之以为天下后世之为忠臣者劝。

---

① 斡：应作“斡”。

② 王庄三百石：楚藩王的庄田一千五百亩。石，作为土地面积单位，湖南、湖北一石等于五亩。

李宰相蓼莪堂出于唐肃宗敕赐，当存之以为天下后世之为孝子者劝。即此两处断还二姓，依然子孙居住奉祀。楚藩亦不得强据，绝人宗祀，庶几乎楚之先王安心于寝处，伊之祖宗亦不得甘委诸草莽，则君君臣臣两得其道，生生死死两无所恨矣。”陈公条晰上奏。上嘉靖曰：“说得有理，准。有旨着徐有贞、周正德往湖广走一遭，取两姓手册及楚藩遵依来缴，以原议为据可也。”

劾楚藩本

礼部　高　桂

奏为不遵王制，越占宦产，窃国号[①]以乱法，诬圣旨以坏名事。

楚藩臣朱季埦宪王位居一国之尊，纲常名教所由系，序王人之上，法制禁令所当先，未有窃号改年、矫旨树碑，如湖广江夏所属地名灵泉山昭陵一碑，为可骇也。臣稽昭藩封楚，为高宗众嗣楚邦之贤主也。生有德于臣民，薨有利于社稷，其传世而遗后者，宜季之克遵而弗违，率由而弗替者也。乃不遵王制，越占宦产，如至正学士沈如筠、洪武吏部尚书曾太、永乐布政杜宗晦、洪武吏部天官张添祐、成化太常寺卿邹彦魁等臣祖茔居基，以为陵寝；既为陵寝，又立丰碑，忽题其上曰正统十二年三月某日立，又称大学士李贤具疏奉旨请题。臣窃以为过矣。

夫王之德果当褒耶，则舆人[②]歌之，太史采之，而后褒之，不为谀。夫王之德果足录耶，则庶人言之，国史书之，而后录之，不为私。臣思藩臣即不请旨，而竟自立碑，世孰得而非之也。即用本年而不须

① 国号：此指皇家宗族藩国的名义。

② 舆人：众人。《国语·晋语三》：“惠公入，而背外内之赂。舆人诵之。”韦昭注：“舆，众也。”

改年，人乌得而议之也。不假枢臣李贤而任人撰文，世又谁得而訾之也。惟其并未请旨而诬为请旨，则矫旨之罪，谁任其咎？今非正统而诡题正统，则改统之罪，谁执其咎？疏非出于李贤之手而诬之曰李贤，李贤实非正统时人而矫之曰正统，将以窃号之罪诬李贤耶？抑以矫旨之罪诬李贤耶？矧今大学士李贤日侍皇上之侧，事非已往，人非已过，皇上召贤而问之，然耶？非耶？由臣言之，帝王国号，万世证信，何容妄改？府县小吏，追改年月，倒提日时，罪所不逭，如今年山西太原知县、贵州乐平知县，皇上犹云“可脑[①]，宜正重典”，科道官原情不允，况俨然位一国之尊，序王人之上者乎？臣以国谱计之，自正统、自景泰、自天顺而成化，则五十二年矣，自弘治而正德则三十四年矣，自嘉靖而隆庆则五十一年矣，共计历数之传一百三十七年，李贤生于成化而非上生于正统，勿论贤此时未生，即生矣，贤亦无此一百三十七年之高寿。今皇上御宇又一年矣万历元年。

臣揣藩臣之意，我既夺宦产，又恐人心不甘其侮夺，不如矫旨立碑，一为请旨以压服之，一为久远以朦混之。似此欺君矫旨可以不论，即矫旨不止一楚藩矣；似此罔上改年可以不究，则前日改年者亦不宜处两府悬[②]矣。

臣谨将楚藩朱季埦所刻碑文墨印一张，封缮进呈。臣言切直，冒干圣听。臣不胜战兢之至。

皇上批削藩一千石，免究。

按：正统大学士李冥非李贤，弘治学士李贤非大学士。

---

① 脑：应作“恼”。
② 悬：应作“县”。

复楚靖王化钧旨

盖闻仁孝者，治天下之大本也；爱养者，培国脉之源流也。自高皇帝御宇以来，亲贤礼士，仁民爱物，无不沐浴其恩膏，歌咏其德泽，即遐方异域，均蒙其乐利，而况中国之臣民乎？

粤自洪武三年庚戌四月，昭王分封于楚。太祖亲命之曰："汝入楚，惠爱黎民，驭人臣以礼。"又谕之曰："百姓山川土地，不可分毫侵越，有负朕意。"此天语煌煌，炳若日星，忠厚开国，昭垂后世也。兹乃有术士傅仙子，无赖小人，谬托堪舆，妄指臣家吏部住宅为大地[①]。窃灵泉一山，乡曲不毛，外山四十八户，内山八户，宋元旧市亦已残破殆尽矣，兼以烟火杂沓，牛羊驰逐，无甚奇观，不谓殿下之过信，非蒙天使唤臣，议换其地，许以三百亩易之。臣至灵泉遍阅西北九山，臣族及邹、沈、樊四家之先灵在焉，其东南诸山，杜、董、李各有祖茔存焉。臣思田地屋宇可以抵换，断无有恝然弃高曾祖考之骨骸，而竟抵换者。臣知殿下存仁爱之心，必不为也。

说者又谓迁冢改葬一议。臣按迁冢非条，改葬非经，府县下乡率乡保士庶共查此山内外约计三百余冢，若并应悉数而迁改之，必害及子孙，祸及枯骨。为人祖者不得依故土而寝，为人后者不获蒙故业而安。臣知殿下广至孝之心，必不忍也。念太祖列圣弘开丕基，积德昌后，诚恐一念偶失，有伤天下人民。殿下以圣子神孙，上体太祖列圣仁孝之心，下裕子孙黎民爱养之念，将见以莫大之弘恩而绵宗祖无疆之福矣，岂区区一灵泉而已哉！

---

① 大地：风水术语，谓建筑阴阳宅的好地方。

即曰牛眠卜吉[①]，世或有之，岂知帝王之兴，率由天命，非关地理。昔周氏八百，止闻积德累仁而成卜世卜年[②]之永，未闻岐山、镐京[③]有甚风水之说，此足证也。况三湘七泽[④]，岂无可取，奚必灵泉而始称名山哉！伏祈殿下仰体祖训，俯全庶祀，则生死衔恩，奕世顶戴于无穷也。

臣不胜待命之至。

上楚端王书

张　通

古者天子建国，诸侯立家，公卿大夫以至士庶各守其业以祀其先，此王者至公无私之心也。自元失政，本朝受命，招集流亡，兵火之后，继之以安插，安插之后，继之以教化，惟恐民之不安者，太祖高皇帝也。即位以来，爱养臣庶，存恤故家[⑤]，养之以仁惠，文之以礼乐，先朝之名贤不殄禋祀，太祖高皇帝也。其时天子和德[⑥]于上，百官和德于

---

① 牛眠卜吉：卜葬的吉地。典出《晋书·周访传》："初，陶侃微时，丁艰，将葬，家中忽失牛而不知所在。遇一老父，谓曰：'前岗见一牛眠山污中，其地若葬，位极人臣矣。'又指一山云：'此亦其次，当世出二千石。'言讫不见。"

② 卜世卜年：占卜预测传国的世数。亦泛指国运。

③ 岐山：山名。在今陕西省岐山县境。镐京：古都名。西周国都。故址在今陕西省西安市西南沣水东岸。周武王既灭商，自酆徙都于此，谓之宗周，又称西都。

④ 三湘七泽：指代楚地，即湖南、湖北。三湘：沅湘、潇湘、资湘。晋陶潜《赠长沙公族祖》诗："遥遥三湘，滔滔九江。"陶澍集注："湘水发源会潇水，谓之潇湘；及至洞庭陵子口，会资江谓之资湘；又北与沅水会于湖中，谓之沅湘。"七泽：相传古时楚有七处沼泽。后以"七泽"泛称楚地。

⑤ 故家：世家大族；世代仕宦之家。《孟子·公孙丑上》："纣之去武丁未久也，其故家遗俗，流风善政，犹有存者。"《焦循正义》："故家，勋旧世家。"

⑥ 和德：惠及百姓之恩德。《逸周书·大聚》："商不乏资，百工不失其时，无愚不教，则无穷乏，此谓和德。"

下，阴阳调，风雨时，卿云[1]现，五谷登，六畜蕃，嘉禾[2]兴，草木生，山不重，川不竭，凡厥庶民，无不安土乐业，俗有讴歌之声，民无哀痛之音也。

夫何传世未及百年，裂土分封非不足也，迩来无故而夺民居，无故而迁民冢，臣窃为王不取也。夫高皇帝去今未远也，祖宗传天下以忠厚，子孙宜守天下以仁义。兹者殿下驱逐百姓，侮夺缙绅，以占其业产而争风水，惟恐民之获安，致人人蓄怨，家家积忿，由不能守本朝之家法也。先王之制，君有定城，民有定土，不相侵也。祭有定分，葬有定期，不逾礼也。今历昭、庄、宪、康凡四世矣，并不茔葬，今年卜地，明年卜地，凿山岗，断龙脉，未尝万世而王宰者，其昧理不亦甚乎！且葬之为言安也，卜之为言吉也，取士庶之宅而为陵寝，不惟天理不顺，即前王有知，安乎其不安孰甚焉？取他人之堂构而作佳城，不惟人心不服，即前王有灵，利乎其不利孰甚焉？王之意，期贻祖宗以安，而先贻祖宗以不安，王思之乎？王欲贻子孙以利，而先贻子孙以不利，王思之乎？王苟修德以行仁，祈天以永命，福将自至，何患无地？夫王有祖宗，士庶亦有祖宗，地可易也，起祖宗而易之，可乎？宅可易也，毁先灵而易之，可乎？且王虽尊贵，亦犹然孝子慈孙也，孝子慈孙爱其己之祖宗，亦必爱及他人之祖宗，既知自爱其祖宗，而教他人自戕其祖宗、自暴其尸骸，以奉王之祖宗，此极恶下愚所不忍为，而谓孝子慈孙为之乎？即如豹獭，兽也，尚知报本；若颐[3]然人类，曾鸟兽之不如乎？王胡不谅之乎？

闻王者以信义服天下，不以威力屈天下；以恭俭先天下，不以侮

① 卿云：即庆云。一种彩云，古人视为祥瑞。

② 嘉禾：生长奇异如双穗之禾，古人以之为吉祥的征兆。

③ 颐：应作“靦”。

夺凌天下。王之行有八失焉：前者灵泉止营昭寝，而今则并占数区，一失也；前者八家甘让祖茔，而今则并占住宅，二失也；前者许留石坊以表节义，今则并拆为俑道，三失也；前者乡尚存祠堂，今者并夺其榛栗，四失也；前者庄业许还张、李，今则侵及田产，五失也；前者许住山外落业，今则逐去他方，六失也；前者唐宋建有古寺许存，今则祸及僧家，七失也；前者留镇市许留贸易，今则片瓦不存，八失也。王犯此八失，其何以君国？何以子民？

王犹曰："今日是朱家之土。"噫，王几误矣。王者抚有家国，有人有土。若与民争地，是细人之行，非人君之度。王何以见之不广乎？犹之唐人说"李天下"，宋人说"赵天下"，元人说"胡天下"，一切鄙语，有伤造化，岂知天下屡易，民不改旧乎！孟子有言："行一不义，杀一不辜，而得天下，皆不为。"王宁不闻之乎？

试问立朝皇帝、亲王宗室，有夺人祖茔而作陵寝者乎？无有也。灵泉八家，自汉至唐，自宋至元，或出功臣苗裔，或出先贤后昆，祖孙父子，数世相沿。帝不一帝，王不一王，未闻绝其血食[①]，斩其世泽，而伤心惨目如今日者也。昔者汤有解网之仁[②]，文有枯骨之恩[③]，暨于武王封比干之墓，式商容之闾[④]，当世称之，后世传之，而闻者犹慕义无穷焉。臣为王计，不如别选胜地以葬诸王，退出产业以还士庶，岂不心安意顺，使人人颂德，而福莫大焉。如王必欲得此而后甘心，

① 血食：谓受享祭品。古代杀牲取血以祭，故称。

② 解网之仁：见前"网开三面"注。

③ 枯骨之恩：周文王营建灵台时，在打地基时掘出一具骨骸。文王要小吏妥善安葬，小吏说是无主的遗骸，可以不再安葬。文王说："王者拥有天下，就是天下之主。我不是它的'主'吗？"于是命令小吏重新下葬。天下之人听说这件事后都赞颂文王贤明。事见宋王钦若等撰《册府元龟·帝王部·仁慈》。

④ 武王封比干之墓，式商容之闾：事见汉司马迁《史记·殷本纪》。

则杀之唯命，生之亦唯命。王不畏天而惜民，臣不卖家以徇国。

冒死渎呈，惟王图之。

揭楚愍王

沈世昌

为已甚，不可行；天道不可罔。王者法祖以基福，顺天以爱民。好民所好，恶民所恶，是谓民之父母。

维彼楚藩，躬膺禄位，派衍天潢，不思丕显丕承以保国脉，只凭作威作福以害生灵。思藩之有社稷，犹吾之有土地也；藩之有庙廊，犹吾之有居室也；藩之有山川，犹吾之有陂泽也；藩之有陵寝，犹吾之有坟墓也；藩之有前王，犹吾之有先人也；藩之有胤嗣，犹吾之有子孙也；藩之有宫嫔，犹吾之有妻妾也。相较而论，其分虽殊，其情大抵不甚相远也。

灵泉内山八户，外山四十九户，人丁不下千余，生养休息，不知几帝几王，以至今日；废兴存亡，不知几世几年，以至此时。凡此基址，祖宗遗之，子孙守之。昌等虽蒙圣朝雨露，而实则前人之遗业也。汉自武阳侯受封千百余年，樊氏子孙不绝如缕。唐自李邕分支，累世公卿，王道宗为将，名标史册，迄今未艾。宋自张舜民避乱止居于此，忠孝节义，载之祀典。国朝曾泰被太祖征辟，擢为尚书。他若邹、沈以及董、杜，亦先朝故家，多历年所，山川依然，人物如故，并夺于谁氏之手，谁王之世也？昔楚元王之子欲为父卜葬灵泉，见樊氏宅墓而吁嗟不忍葬。元威顺王[①]薨，欲葬于此，见张忠文故祠而罢葬。是二王者，皆藩封之君，而犹然怀仁孝之心，识礼义二字。

---

① 元威顺王：据明宋濂等《元史·泰定帝本纪》，元泰定帝泰定三年（1326）分封诸王，封库春布哈为威顺王。

今殿下亲中夏文明之教，昧太祖忠厚之训，夺人之地，无骸不暴，至不仁也；毁人之巢，无枝可栖，至不义也；覆人之祀，无主[①]可依，太无礼也；绝人之嗣，无计可逃，大不智也；名为换地，实行诓骗，大不信也。凡我大夫士庶，挈其妻子，号泣痛恨于道路，离其家室，怨气充满于天地。噫，是诚何心哉！昔者秦政掘人之冢，而人亦掘其冢；楚平[②]暴人之尸，而人亦鞭其尸。前车后监[③]，不在远也。使天道无知，则亦已矣，如其有知，必不能逃于天诛之日也。

谨揭。

八家住基为靖王夺茔九寝。环江夏风水者，傅生而非楚藩也；倾灵泉世家者，楚靖而非楚昭也，所以靖至闵[④]而绝。明末屯兵盗各寝，衣冠遗骸，皆化为乌有，惟昭寝仅存。由昭能修德以守国，而靖不能贻谋以裕后也。

参楚藩本

张　翀

为掘冢暴尸，吁天法究事。

臣尝读《易》“首出庶物，万国咸宁”，未尝不睪然[⑤]高望而远志焉。今逢皇上缵承大统，洪仁遍敷，四海庆幸，佥曰：“尧舜在上，如春舒和；汤武登朝，无一冤枉。”信矣。兹有奇惨，不敢上闻，有烦圣听。然不得不陈者，天潢之宗枝也；不忍不陈者，一本之骨月。今

---

① 主：神的牌位。

② 楚平：指楚平王，事见《史记·伍子胥列传》：“及吴兵入郢，伍子胥求昭王。既不得，乃掘楚平王墓，出其尸，鞭之三百，然后已。”

③ 监：通“鉴”。

④ 闵：应作“愍”。

⑤ 睪然：高远。睪，通“皋”。

臣祖张璞为先朝骨鲠之臣，死于宦臣刘瑾之手，我皇上天聪所洞悉也。蒙赐遗骸，归葬于江夏东祖茔，灵泉天马峰山下，已有年矣。惨遭楚府王宗亲朱掘冢开棺。臣幸撞见，枕尸而哭。王宗拘钻至府，封门三日，锢治至死，勒书卖契。哀脱奔逃。不惜先臣朽骨，不留名器[①]体面，叱呼鞭打，如同犬马。臣脱命之日，呈告巡抚，不敢招祸，控告抚院，不敢惹非，只有星夜至京，伏罪待诛，以哭祈于皇上之前也。

窃思臣祖曾叨监察御史，亦属方面[②]，非有大故，何得掘冢开棺，至此田地？臣至安陆，获睹恩诏，抚惜先臣，清出皇庄利弊，安陆三尺小儿无不感激皇爷。此虽童谣，可彰彝典。如臣祖有罪，应蒙皇上治罪，况臣祖罪不至于开棺，恶不至于掘冢，而何至暴尸迁葬若是之甚也。事属激切，惨极吁天，一字虚浮，愿甘寸裂。伏乞皇上深恩厚德，速赐雷霆，保全先臣一家，胜造七级浮图，万世瞻仰，人鬼顶戴。

臣战兢上呈。

嘉靖批：如再掘张姓冢、开棺迁葬者，照庶例处斩。

再参楚藩本

张　翿

为违旨故掘，痛哭陈情事。

上年圣旨敕谕楚府：“如有再掘张姓冢、开棺迁葬者，照庶例处斩。”臣族不胜焚顶[③]，以为获全余骨，皆得我皇上生成再造之恩也。

---

① 名器：名号与车服仪制，体制礼法。君主制社会用以区别尊卑贵贱的等级。语本《左传·成公二年》：“唯器与名，不可以假人，君之所司也。”杜预注：“器，车服；名，爵号。”

② 方面：一个部门的要职或其长官。《后汉书·冯异传》：“（异）受任方面，以立微功。”

③ 焚顶：焚香顶礼，表示极度感激。

讵料楚王贵宗朱三人等又掘先朝祭酒臣张辂之墓，唤石匠王成凿洗三日，臣始得知。匍匐至灵泉祖茔，见棺开，袍带依然，面目如生。臣不禁魂飞天上，魄入地府，控告无门矣。只得跪泣王宗，反触仆怒，打落一齿，面皮皆穿。臣泣告抚、按两院，默默不言，但云："世间至大，莫过皇亲国戚；天下莫敌，惟有王子王孙。汝岂不知之乎？"臣伏思皇亲虽大，莫大于朝廷；王子虽难敌，尤难敌于国家律法。是以情激心伤，奔陈天听，否彰乾断[①]，戒敕宗藩，保全亡骨。虽死之日，如生之年。不然，尾大难掉，生灵受害，将城狐社鼠[②]，近在萧墙，他日必廑宵旰之忧也。窃思皇恩浩荡，四海已无冤民；圣泽洋溢，天府率多悍宗，如此行状，有梗造化，则去年圣旨成为故纸，今日律法竟是空谈。

恕臣愚蒙，冒死直陈，伏乞圣明睿鉴，不胜惕厉战兢之至。

嘉靖批：恸恨无涯，着三法司将犯法三人拘来亲讯，杖毙。

李氏抄家叩阍案

李　璋

为矫诏抄家，冒死陈情事。

臣住江夏灵泉山，有祖坟山一段，坐落保安里，土名九峰。先世远祖李鄘字建侯，由唐天宝末年举进士，官拜平章，以太子太保致仕，卒年八十。朝廷赐葬九峰石子墩上，李邕、李善、李暄，合计四冢，

---

① 否彰乾断："彰"字疑为"臧"之误。"否臧乾断"意思是恳求皇帝裁决。否臧即臧否，品评、褒贬之义。乾断：帝王的裁决。

② 城狐社鼠：城墙洞中的狐狸，社坛里的老鼠。比喻有所凭依而为非作歹的人。语本《晏子春秋·问上九》："夫社，束木而涂之，鼠因往托焉。熏之则恐烧其木，灌之则恐败其涂，此鼠所以不可得杀者，以社故也。"城狐亦同此理。

丰碑高堑，石马翁仲[1]，凿凿可据。历今九朝千百余年矣，于前岁九月内，惨遭楚府王朱图谋风水，起掘四冢，深至丈余，弃棺抛尸，奇遭不测。臣兄李珍叩阍，蒙圣恩许其照旧安葬。是洪恩所覃，上通九霄，下彻黄泉矣。今又于本年二月约同茶盐二商，出银数千斤，鸠集工匠，将山凿为平地，建为佛寺，请旨敕赐，永为施主。复矫诏文，抄灭臣家。先父都堂因气身故。臣思上年圣恩既许照旧安葬，则今日之灭族抄家，恐非皇上本意。是以奔诉阙下，重渎天听。如果出自圣裁，死亦甘心；倘圣恩宽宥，赦臣不死，则矫诏欺君，罪有攸归。

专候圣旨，死罪死罪，为此渎陈。

① 翁仲：此指墓前石人像。阮翁仲身长一丈三尺，异于常人，始皇命他出征匈奴，死后铸铜像立于咸阳宫司马门外。后因称铜像、石像为“翁仲”。

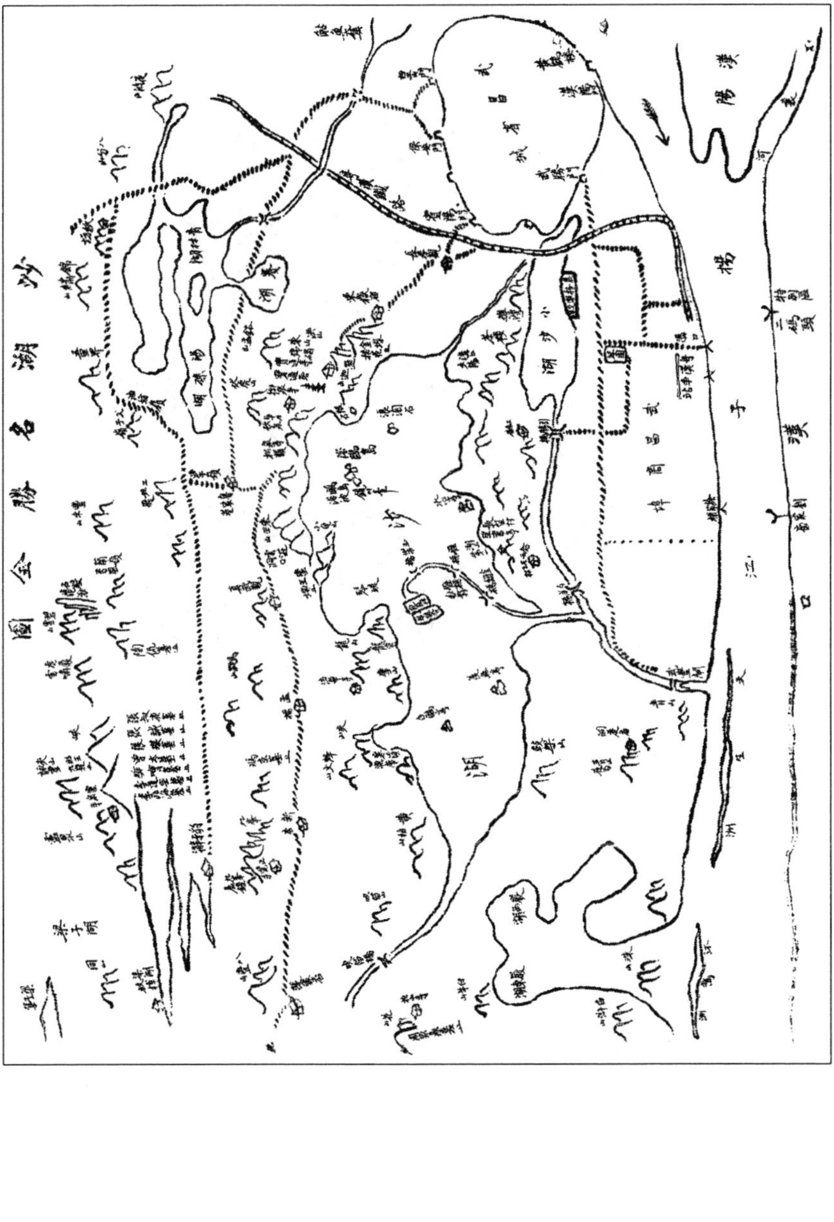
沙湖名勝全圖

梁子湖
豐樂山
揚子江

园林春色

任　桐　辑著

彭忠德　点校

目　录 / Contents

叙[1]

缅自春华秋实，名高首重夫簪裾；山媚川辉，地望更珍于珠玉。论得天则寿，好德乃百福之源；而与物同和，循序冠四时之始。湛清华于水木，乐有园林；精藻绩于烟云，独饶春色。管领遍十洲三岛，国号和神；揄扬极五采千声，颂称难老。经梼史榅[2]，一卷冰雪之文；绢海胶山，百幅瀛峤之景。博纵横于联句，极妃黄俪白[3]之工；托啸傲于灵岩，揽夕翠朝岚之胜。此吾友任君琴父先生《园林春色》之所由作也。

先生轩辕华胄[4]，振族旺于当阳[5]；永嘉高门，溯洪源于瓯海。石嵌诞兆[6]，早征椽管之祥；桥宅宜家[7]，聿著厍[8]困之富。颍川三世，缵

---

① 此《叙》以骈文述事，词藻华丽，用典较多，因大意略同下篇《琴父六旬自述》之文，互参则易于理解。

② 经梼史榅：互文，即经史梼榅。

③ 妃黄俪白：写骈体辞赋文章的别称。

④ 轩辕华胄：黄帝的后裔。传说姓黄帝公孙，居于轩辕之丘，故名曰轩辕。黄帝有十二个儿子，各自以其品德作为姓氏，长子能承担重任，故姓“任”。

⑤ 当阳：地名，在今湖北省宜昌市辖内。指任桐在湖北“分办顺直赈捐”及“专心武昌商埠，经营实业”事。

⑥ 石嵌诞兆：指任桐始祖“自福建迁浙江永嘉之任桥”事。此句指任桐母亲在笔峰山陈府庙祈祷后，见庙旁石洞“洗心窟”“中藏石大如椽”，又见彩云出现，归后即诞下作者事。

⑦ 桥宅宜家：指任桐始祖任佛佑迁居浙江永嘉任桥事。

⑧ 厍：疑为“厓”之误。《玉篇·厂部》：“厓，室也。”

太丘之诒；[1]沛郡一经，骋成材之誉。[2]时丁元二[3]，创轨里于连乡；仓罄斯千，贷储糈于比户。重为国毁家之谊，钟积躬累德之庥[4]。

时太翁琢堂公以张孝避兵之年，[5]历江革奉母之境。佩慈箴而裹糗，行步弗离；障墩燧以拄扃，井间不扰。[6]与太君诸葛夫人[7]，璇闺戒旦，勖鲤对于庭趋[8]；兰陔补诗，俪鸿庄于案举。助膳脱组纠之蓄，寒畯欢颜[9]；折蔆严觽帨之规，德仪式训。是以君涵濡家泽，驰骋书林。负笈瞑行，照径致珠光之导；挈瓶朝汲，敛威感白额之藏。[10]群相语以祥征，乃述归于德报。本善则称亲之念，期贻令于平生；推恐而致福之由，迓余庆于乐世。服膺家诰，学益阐夫黄门[11]；郑重友声，惠必周于白屋。玉山朗映，裴叔则之清标；金口私缄，娄师德之雅量。盘匜侍[12]疾，吁穹旻以割肱；辑裕完丧，罄瓶罍而雪涕。[13]绸缪身世，

① 颍川三世，缵太丘之诒：颍，底本误作“颖”。用后汉颍川人陈寔与子陈纪、孙陈长文三代均为德行俱佳的名人事，赞颂任桐祖上的德行。陈寔事见《后汉书·陈寔传》。

② 沛郡一经，骋成材之誉：用西汉名人张禹曾从沛郡人施雠学习经书一事，赞颂任桐祖上聚集财富成功后其子孙不忘读书。

③ 元二：古代术数语，灾年、厄运。此指“太平天国”之乱。

④ 钟积躬累德之庥：积聚荫庇后代之福德。

⑤ 琢堂：任桐的父亲任大章字琢堂。此句以“二十四孝”中的张孝、江革喻任桐父亲之孝。

⑥ 此句指琢堂公不肯离开母亲独自逃难，先是怀糕佯走，后与母亲一起在家关门守难，而避过兵灾事。

⑦ 太君诸葛夫人：任桐的母亲诸葛氏。

⑧ 鲤对于庭趋：用孔子的儿子孔鲤趋庭应对的典故。

⑨ 助膳脱组纠之蓄，寒畯欢颜：诸葛夫人用平时纺织得来的收入资助任桐的同学的伙食费。

⑩ 此句指任桐少时持烛夜行、烛灭而有光如球照路回家和晨起汲水遇虎、虎扑而不食竟去两事。

⑪ 黄门：黉门，学宫之门。借指学宫，学校。四六文为求对仗工稳，与下句“白屋”对句，以“黄”代“黉”。

⑫ 侍：底本误为“待”。

⑬ 此句指任桐割股和药事母及变卖家具殓母事。

境实悴于荼痡；扬历逵衢，志待伸于茅茹。

值椎轮易辙，国是初更[1]，鼓箧分科，学风丕变。君遇屯占哔，羞随荆璞之呈[2]；气激蜚腾，望重悬黎之选。汉廷委贽，卜式不讳乎赀郎[3]；蛮府参军，孟嘉每夸于幕掾[4]。缘学而仕，中辍入校之行；同人于门，适际弹冠之庆[5]。笔耕三月，廿番缄菽水之资[6]；腋集千金，七命重谷蒲[7]之品。录成劳于助饵，宠贲丝纶；感优遇于从公，勚推筹箸。迎来万石，欣食禄之有方；携侍双珠，乐含饴而索笑[8]。盖德配桂宜人[9]，生子士毅及女士英，而不及从君宦鄂也。元相分钗，怜营斋之倏咏；放翁行市，随执甏而从酤[10]。仰乔柯而煦逮孙荣，奉板舆[11]而门矜子贵。

时太翁自家就养，毅、英从来。君将父思皇，尚虚中馈。感深抱

---

① 值椎轮易辙，国是初更：据《自述》当指1898年的戊戌变法。

② 遇屯占哔，羞随荆璞之呈：委婉地记任桐三次乡试不第，遂决定放弃科举，后到湖北新式学堂求学。

③ 汉廷委贽，卜式不讳乎赀郎：用西汉人卜式屡次以家财捐助国家后得官职的事例类比任桐捐官事。卜式事见《汉书·卜式传》。

④ 蛮府参军，孟嘉每夸于幕掾：用晋孟嘉任桓温府参军事，记任桐为后补同知谭香谷介绍到江夏金口厘金局当书写公文的秘书事。“蛮府参军”典出南朝宋刘义庆《世说新语·排调》。

⑤ 同人于门，适际弹冠之庆：记任桐得贵人相助捐官入仕。

⑥ 笔耕三月，廿番缄菽水之资：廿番，洋钱二十圆。此句指任桐以厘金局秘书三个月薪水铜钱十八贯换洋钱二十圆寄作家用。

⑦ 七命：周代官爵的第七级，比喻清时七品官。谷蒲：谷璧和蒲璧，为周代子爵和男爵所佩之璧，见《钦定周官义疏》。文中用此典美称所捐之七品官。

⑧ 携侍双珠，乐含饴而索笑：这句记任桐把在家乡的父亲任大章和一双儿女接到武昌。

⑨ 德配：尊称他人之妻。宜人：君主专制时代妇女因丈夫或子孙而得的一种封号。七品官妻、母封宜人。

⑩ 放翁行市，随执甏而从酤：此句意谓任桐夫妻分居两地，生活皆艰。放翁，指陆游。陆游有诗云：“朝行市尘中……童子亦绝粒。”

⑪ 板舆：指官吏在任迎养父母。典出晋潘岳《闲居赋》。

膝，见纯孝之肫诚；谕博欢悰，聆温言而燕豫。知毛义捧檄[1]之喜，成曾参养志[2]之贤。越岁，君继婚叶宜人，生子士谷、士殿、士声，补待阙之鸳鸯，益毓祥于麟鸞。谢家养炬，看竞爽于常华；王氏锡铨，美嗣徽于椿荫。[3]俄倾乾帱，甫终禫于祥琴[4]；爰协晋藩，肃覲光于禁陛[5]。祇承玺赉，仍搴鄂渚之舟；忽遘鼎迁[6]，遂就柴桑之隐。

先是，南皮督相[7]经营路政，于鄂垣周环收买民地，杜外侵入，储开商埠，奏准议行，祚移中沮。君言于当事，踵斯遗策，益事扩张。叔子订谟，待邹湛而重显；元规缔构，非殷浩其莫彰。[8]恢奥略于百年，利成通惠；达康庄于五岭，殖望丰亨。

---

① 毛义捧檄：东汉人毛义有孝名。张奉去拜访他，刚好府檄至，要毛义去任守令，毛义拿到檄，表现出高兴的样子，张奉因此看不起他。后来毛义母死，毛义终于不再出去做官，张奉才知道他不过是为亲屈，感叹自己知他不深。事见《后汉书·刘平等传序》。

② 曾参养志：奉养父母能顺从其意志。典出《孟子·离娄上》：“若曾子，则可谓养志也。事亲若曾子者，可也。”

③ 此联赞美叶宜人所生子女聪颖孝顺。谢家养炬，指梁朝谢览、谢举、王筠、王泰，四人皆聪颖出众。典出唐姚思廉《梁书·王筠传》：筠幼警寤，七岁能属文。年十六，为《芍药赋》，甚美。及长，清静好学，与从兄泰齐名。陈郡谢览，览弟举，亦有重誉，时人为之语曰：“谢有览、举，王有养、炬。”炬是泰，养即筠，并小字也。王氏锡铨，指南朝梁王铨、王锡兄弟，典出《南史·王铨传》：“铨虽学业不及弟锡，而孝行齐焉。时人以为：‘锡铨二王，可为玉昆金友。’”

④ 俄倾乾帱，甫终禫于祥琴：在承受父辈福荫、事业向上时，不久任桐父亲辞世，依礼仪办完丧事。乾：父亲。帱：覆盖。文中代指去世。禫：除服之祭。此指服丧期满。祥琴：古代丧祭礼，谓亲丧大祥祭日为节哀而弹奏素琴。

⑤ 爰协晋藩，肃覲光于禁陛：宣统元年（1909）以知县身份进京朝见。

⑥ 鼎迁：改朝换代。文中指1911年辛亥革命后中华民国成立。

⑦ 南皮督相：清末湖广总督张之洞。

⑧ 叔子：羊祜，字叔子，著名战略家、政治家和文学家。邹湛少以才学知名，深为羊祜所器重。元规：庾亮，字元规，政治家、文学家。殷浩见识度量清明高远，少负美名，后应庾亮征召为记室参军。“叔子”“元规”两句，都是赞美任桐能继承张之洞经营“路政”的政策。

以簿领之余闲，盍朋簪而偶步。突灵獒于柏[1]下，快拾婴娩[2]；鞠果羸于阛中，咳名“我改”。君因此异，获抱乳婴，畀如君丘氏女之。始于其地，购创琴园。村郭半间，为依桥而表树；丘樊小筑，更叠石以疏池。番楼传改造之勤，卉植纪熠燿之异。縻[3]橐金而不顾，竖花碣以刊铭。精舍圮而旋完，匾题挥而即就。诵珠琲之璀璨，文章原妙手天成；乐山水之虚深，风景觉赏心时会。[4]

君于琴园落成后，复觅得武昌之沙湖，洎东、西梁子二湖。峦开待驾，启“湖山第一”之观；[5]笛奏歌风，定图画无双之谱。[6]自来人杰，悉本地灵；不事表彰，终归泯没。汉晋则四贤[7]济美，求忠臣必于孝子之家；唐宋则七哲[8]齐挥，论武达亦著文通之绩。元明以降，人文辈兴。蔚池台钟鼓之乡，聚冠盖章逢[9]之侣。讼生藩寝，搜家牒之遗闻；迹表贞泉，出断碑于故陇。[10]编储掌录，发千年幽眇之光；功迈班、迁；补一省志乘之缺。况复研精六法，探赜四宗。[11]摹雪栈于剑

① 柏：应为“柏”字，据《琴父六旬自述》改。

② 婴娩：婴儿。

③ 縻：通“糜”。

④ 本段述任桐收养弃婴、购筑琴园，不惜工费修造各事。见《琴父六旬自述》。

⑤ 此句谓在待驾山修建“湖山第一”景点。

⑥ 此句指歌笛湖景美丽无双。最早沙湖也称歌笛湖，是明代楚王朱桢种植芦苇取膜为笛簧的地方。

⑦ 四贤：据《琴父六旬自述》，指与武昌沙湖有关的名人：汉之樊哙、黄琬、孟宗，晋之陶侃。下七哲亦据《自述》。

⑧ 七哲：唐之李道宗、李北海、李宗孟，宋之岳飞、张叔夜、冯京，元之沈如筠。

⑨ 章逢：“逢”亦作“缝”。章缝，指代儒者或儒家学说。典出《礼记·儒行》：“丘少居鲁，衣缝掖之衣；长居宋，冠章甫之冠。”

⑩ 此联指任桐从残碑墓陵中搜集资料。

⑪ 六法：南朝齐谢赫《古画品录》谓绘画有六法：一气韵生动，二骨法用笔，三应物象形，四随类赋彩，五经营位置，六传移模写。后成为中国绘画的总法则和代称。四宗：四位宗主，指对清代及后来山水画有深远影响的清初四大中国画画家王时敏、王鉴、王翚、王原祁。

关，不数营丘墨妙；[①]翦并刀于江水，从知王宰笔精。[②]缩二十四景于斗方，别有壶中天地；弁五百余言于楹帖，居然物外蓬瀛。君于是撰成《沙湖志》十卷，都三万二千六百余言，搜辑昔贤诗文，为《沙湖拾遗》四卷，又手绘《湖山揽秀》图册，征题海内外游旧诗文甚多。

不朽有三，论功、言已饶其二；引年于百，祝寿考益晋无疆。放春色于大千，正柳蒨桃缃之候；壮林容于初季，仰松苍竹翠之姿。月建逢辰，庆维周甲[③]。槐榆昆弟，随僎爵以滕耩；椒兰友朋，叩誃门而鞠䠆[④]。瑶扉暗暖，清虚连太乙之天；璚露沾濡，躔度应长庚之象。儿孙绕膝，主器则金部宦成[⑤]；婿女偕臧，介卺而琼筵宾聚。畀楹书于稚子，诵闺训于娇娃。睹仲穆之丹青，知徵明之矩矱。[⑥]琅签斗检，大年方富于祈沦[⑦]；熊经鸟伸[⑧]，洪算宜添夫海屋。丞礼交论金石，相知联侨札之欢；[⑨]迹寄庑舂，投分托皋梁[⑩]之雅。于喁互答，音惟笙磬之同；

---

① 雪栈：明画家唐寅有《云关雪栈图》。营丘：指宋山水画家营丘人李成。

② 并刀：即并州剪。翻用宋陆游《秋思》诗“诗情也似并刀快，剪得秋光入卷来”，谓剪沙湖风光入画卷。从知王宰笔精：散文句为“知从宰王笔精”。王：唐人王维。此联赞美任桐所作湖山揽秀图册——《沙湖十景》。

③ 月建逢辰：阴历三月。周甲：甲子，六十年。

④ 䠆：同“跽”。

⑤ 主器：称别人长子。器，祭器。典出《易·序卦》：“主器者莫若长子。”金部宦成：在财政部登上显贵职位。此句指任桐长子任世毅民国十五年（1926）任财政部主事。

⑥ 仲穆：一为唐代大画家燕仲穆，一为元初赵孟頫之子赵雍。徵明，明代大画家文徵明。

⑦ 琅签：书函套上玉制的插签。借指珍贵的书籍。斗检：印斗和印窠封题。沦：应作“禴”。

⑧ 熊经鸟伸：古代一种道引养生之法。状如熊之攀枝，鸟之伸脚。

⑨ 丞，应作“承”。底本以小字以示作者自谦。侨札：侨指春秋郑国公孙侨（子产），札指吴国公子季札。季札至郑，与子产一见如故，互赠缟带纻衣，成为好友。事见《左传·襄公二十九年》。

⑩ 皋梁：皋指汉代吴郡富人皋伯通，梁指汉代人梁鸿。梁鸿“居庑上，为人赁舂”，皋伯通却用宾客的礼仪待他。事见《后汉书·梁鸿传》。

蕨苫[1]弥亲，遇协靳骖之嫩。借谟觞[2]而致颂，觍缕声闻；张锦轴以铺棻，搜陈撰述。是则名山之业，共丰福以恒春；长德之赢，迓天祥而驻景。敢附昔人善颂之例，斥鹊年鹤算之枝词；庶知仁者得寿之由，应豹蔚鸿延之吉纬也。

谨叙。

如棠[3]湘潭黎承礼拜撰

① 蕨苫：菱角的别名。

② 谟觞：石室名，内藏仙书。典出唐冯贽《记事珠》："嵩高山下有石室，名谟觞，内有仙书无数……"

③ 如棠：有如兄弟。《诗·小雅·常棣》篇，是一首叙述兄弟应该互相友爱的诗。"常棣"也作"棠棣"。后常用以指兄弟。

園林春色
是畫乃琴園原景之一戊辰三月琴父繪此願花長好月長圓人長壽

琴父六旬自述

琴父名桐，生于清同治己巳三月二十一日酉时。初，母妊，祷于本邑笔峰山陈府庙，见山巅有洞尺许，中藏一石大如椽，能盈朒[①]，洞外镌有“洗心窟”三字，不知题自何代何人。正疑视间，忽现彩云，母归，遂娩，故命名曰“洞”。今用“桐”，以其音似也。

昔吾始祖佛佑公自福建迁浙江永嘉之任桥，称大族。高祖文葵公、曾祖一閭公、王父[②]嘉澄公，积产百余万。洪、杨[③]起事，王父办民团保卫地方，毁家纾难，因而中落。

先君讳大章，字琢堂。乐善好施，尝语人曰：“积产不如积德也。”幼随先王母余太夫人避乱至山乡彭嶴，忽闻山外哭声震野，询系洪、杨至。先王母予先君年糕一块，立促他往，否即自殉。先君不忍离，又不敢违命，行里许折回，托词洪杨去远，劝先王母闭户睡。未几兵过门外，竟获平安。谓非先君孝思所感，曷克致此？先母氏诸葛，事亲孝，训子女以慈善。时有同学，久住无膳费，以己平日所得纺织资，尽予周急。其他懿行，尤难仆数，故乡里称贤母也。生余兄弟二人。弟名宏洸，字亮甫，民国二年在汉口日清公司管理仓库，积劳成疾，殁于汉。妹一适本乡毛少蘋君，早故。

余方十龄，就学于堂兄子衡家中。夜持烛归，行至湖边，烛灭道

---

① 盈朒：盈亏。

② 王父：祖父。

③ 洪、杨：洪秀全、杨秀清，指代太平军。

黑，不可辨。正怆惶，忽有光前起，状如球，径数尺，导行及舍，光始匿。稍长，读书山寺，晨起入厨汲水，有兽跃出，撞仆地，睨之，虎也。目睁睁如电，恐甚，伏不敢动，自念命在眉睫，虽有定数，然如父母之痛子何？俄而虎竟去，闻者异之，咸谓有神佑，必大富贵。由今思之，以富贵期余，何见之浅也！余之履险如夷，皆先人积德之报。余所以谨守家训，尽力奉行，见亲友有急难，必为排解，既不受人之怜，亦不道人之短，凡相契者，悉本忠诚，相欺者，平心忍耐，即间以嬉笑侮弄加余者，置若罔闻。富贵功名，自信有命，偶有拂意，辄隐几自卧，此余之素性然也。

余年二十一，母病危，刲股[①]和药以进，病渐转机。自六月延至八月二十九日，卒以体虚精疲，竟溘然弃养。时余家贫，不得已，将所有家具变卖成殓，然余心伤矣。是年冬，妻桂氏生子士毅，字致远。幼喜学画，先翁钟爱甚，抚之教之，寝食不离。由湖北中学入江苏吴淞中国公学毕业。民国七年，在北京财政部讲习所考取第一，分发财政部。民国十五年，补财政部主事，供职多年，皆先君督教之力也。儿媳生孙四、孙女二，长孙名世铎，次世铮，三世铃，四世钟，俱幼读。桂氏生女一，名士英，适常州刘伯裕。余年三十一，桂氏亡，儿女皆呱呱在抱，亲族不相顾，全赖先君支持。

余自憾三试乡闱不第，三十二岁废科举，遂勉筹川资五百元赴鄂，入校求学。甫至沪，中杨某计，尽我所有而去。迹至宁波，留余住张凝生家度岁。邻有应君子荣，日必过我，问余何所为而来。告以故，应即商之张，向杨几费交涉，始得归璧。感甚，幸甚，因与应、张订交。比同余游普陀、天童[②]，更送余至沪上，登轮始别。至鄂，投考过

① 刲股：割大腿肉。割股疗亲，古以为孝行。

② 天童：浙江省宁波市东天童山。

期，旅居一载，五百金罄矣。困难已极，忽遇粤东谭君香谷。时谭方以同知候补，见余字画，为余谋生计，介绍江夏金口厘局办文牍。到局，已除夕，局中同事皆团年宴会，余独不安于席，私叹曰："余在此可无忧，父在家何以卒岁？"乃将月薪钱六贯，三个月积至十八贯，换洋蚨[①]二十圆寄作家用。余之困苦如此。自思笔墨营生终非计，请假至省访刘渠川观察。彼时刘宰天门，因公晋省，闻余至，即接见，询余状况，劝纳粟入仕途，并许赠五百金为助。余以初面，不敢受。回商谭君香谷，拟登黄鹤楼一谈。路过斗级营[②]捐局，香谷指谓余曰："此施太守燮甫所办。施，吾友也。盍往见乎？"既见施，告以刘观察赠款事。施曰："款来易办。"次日，促向刘取款。余终以事出冒昧，期期不可。移时回，告香谷曰："刘无现金，奈何？"香谷曰："同复施太守可也。"座有素未识面之王君式英，闻之，谓："是区区者何足道？予为垫五百金，不敷请太守补凑如何？"施曰："诸君皆萍[③]水相逢，如此慷慨，予必赞成。"当填给府经历执照，分发湖北。复留余晚膳。席间谈论，施颇得意，即委余分办顺直赈捐，先以已所得劳积分拨余之名下。当晚报请直督袁项城[④]，以余办捐得力，奏保知县，时在光绪二十七年四月十五晚。一夕间，获此奇遇，出余望外，盖亦佛氏前因之说也。

明年秋，迎先君来鄂。先君率毅儿、英女同行，余见两小孩，喜极而悲，俯伏先君膝前，泣不可仰。先君曰："今日团聚，乐事也，庸毋伤。"余方笑慰。又明年春，续娶叶氏，生子三：士谷、士殿、士

---

① 洋蚨：西洋钱币。蚨，青蚨，传说中的虫名，用以指代钱。典出《太平御览》卷九五〇引汉刘安《淮南万毕术》"青蚨还钱"。

② 斗级营：地名，今存，在武汉市武昌区长江大桥武昌引桥下。

③ 萍：底本误作"苹"。后径改不注。

④ 袁项城：指袁世凯，袁1901年继李鸿章任直隶总督、北洋大臣。

声。谷、殿早殇。士声现肄业上海大同大学。三十二年六月，先君寿终武昌省寓，嘱余曰："我虽善终，公益事业尚在念中，汝能奉行，予瞑目矣。"宣统纪元，服阕，以知县入觐，仍分发湖北。听鼓[1]十余年，萧然清风。

辛亥秋，武昌起义，举国几无乐土。余之性，本淡于仕进，从此专心武昌商埠，经营实业，不闻时事。民国五年三月，娶丘氏为篷室。八月初五日，与陈君君任出武胜门[2]外，至沟口一带视察商埠情形，数十里荒郊不易辨，忽有犬口衔一物从柏树下突出，见余过，惊弃于地。近视，乃甫产之女孩，遂携归，嘱丘氏抚养。丘氏爱如己出，取名"我改"。

然余之境始入坦途，当即其地购筑琴园，柏树亦留植园中渡春桥侧，作为纪念。是园开筑之初，拟建一楼，订价四千余金。匠人误造洋式。余自北京回，嫌其俗，拆而改造，不但原价照付，且多方补助。次年冬，采购名花数百种，新筑花房六间，花正入房，当晚火起，尽付一炬，耗去五六千金。余闻一笑置之，惟将所焚之花合埋一冢，作《花冢记》以自伤。同时建筑"桃源春晓"，甫落成，忽倾倒。匠人惧，余反劝慰，加以工资，仍令一手作成，又费四五千金。今者台、池、亭、榭，次第告成焉，回思经过情形，岂造物之忌我，抑成败迟早之有定数耶？余仍惨淡经营，他弗问焉。

但所志不仅此一园也，癸亥秋，复觅得武昌之沙湖[3]，搜求名胜古

① 听鼓：到衙门上班。古代官府卯刻（五至七时）击鼓，入值；午刻（十一至十三时）再鼓，下值。因称官吏赴衙值班为"听鼓"。

② 武胜门：旧时武昌城门。

③ 沙湖：据《沙湖志》书末所附任桐自绘地图，沙湖即今东湖，图中小沙湖乃今沙湖。

迹，徜徉山水，乐而忘返。近年于沙湖之待驾山购地十余石[①]，首建“湖山第一”[②]，名其地曰歌笛村，自号沙湖居士。沙湖乃忠臣孝子之乡，历朝人物脍煮人口[③]者，今反湮没于荒烟蔓草间，无人过问，可胜悼乎！余思人才辈出，皆湖山钟毓之灵。汉之樊哙、黄琬、孟宗，晋之陶侃、孟嘉，唐之李道宗、李北海、李宗孟，宋之岳武穆、张叔夜、冯京，元之沈如筠、如篁，明之邹智、曾泰、张璞、杜宗晦、辜皋、张天祐、张舜民均居沙湖，[④]其事实为史册志书所未尽详载者，余从残碑、断碣、家乘、手卷、秘藏钞本以及墓陵、寺观中，十余年搜索备至，编辑成书，署曰“沙湖志”“沙湖拾遗”，以所得名胜绘成“湖山揽秀”图册，题为“沙湖十六景”。有梁湖，乃沙湖风景之一，又题为“梁湖八景”，作《游梁湖记》以纪其胜。凡到此者，可扑去俗尘数斗焉。

余所经过之名山大川，其为吾国称最著者，如雁荡、西泠、虎丘、秦淮、洞庭、潇湘以及北京三海、梁苑、龙亭，广州之珠江，巴东之三峡，皆不如也。梁湖面积百余里，规模之大，风景之佳，实湖山中之五岳，即与全世界较，亦觉不遑多让也。现余欲组织沙湖建设会，琴园亦归建设会保存，不私于子孙。戊辰三月二十一日为余六旬揽揆之辰，拟将自置财产给儿辈各二万元，其余尽作地方公益事业，以竟先君未竟之志。人生如白驹过隙，奚富贵为私心窃计，只筑永嘉别墅于沙湖以自栖息，为终老菟裘[⑤]之计，则愿足矣。

---

① 石：旧时土地面积的计量单位。武汉地区一石为五亩。

② 湖山第一：游览沙湖的第一景点，详见《沙湖志·叙》。

③ 脍煮人口：当为脍炙人口。

④ 汉之樊哙等：樊哙及以下人物，详见《沙湖志·人物》。

⑤ 菟裘：地名，比喻告老退隐的居处。典出《左传·隐公十一年》。

忆游梁湖，歌为琴老寿[1]

灵泉寺僧　白约山人

忆昨与君游梁湖，兴至乃将山水图。今岁周甲寿金石，春色园林天下无。梁湖之水清见底，林峦孕入沙湖里。灵泉天马谢羁勒，一寺标从九峰起。山人住山不见山，得君妙笔开天关。蟾娥织女竞妆靓，牛郎渡口波汍澜。知音韵写琴台侧，友思[2]之洞留仙窟。石壁青山似昔年，平看双塔矶头出。我忆磨刀矶上人，英雄一去空千春。鳊鱼白酒坐相对，尘间蛮触徒纷纷。兹来喜作琴园客，洗斝为君倾一石。人生相得须尽欢，转瞬期颐更耄耋。君言几载游燕吴，奔走已厌车船劬。搜轶抱残素所愿，却埽孜孜还著书。书成[3]四万余千言，炎汉迄今几朝市。一朝纸贵武昌城，人间已见《沙湖志》。沙湖奇秀原天成，某山某水披卷明。净洗青绿着真相，都自十六图[4]中呈。六法笔精谁比数，况有文章妙千古。仁山智水皆声闻，无上深微本初祖。流传弟子芬芳多，孰随丈室参维摩。称兕跻堂尽邦彦，我惭佛印师东坡。仰止清标长引领，南极弧[5]躔光炯炯。持此瓣香来祝延，颂君寿共湖山永。

---

① 如与后文任桐《游梁湖记》散文参看，易明此篇歌体文字。

② 友思：据任桐《游梁湖记》，指友思山。

③ 书成：指《沙湖志》定稿。

④ 十六图：指任桐所绘湖山揽秀图册之《沙湖十六景》。

⑤ 南极：星名，南极老人星。弧：古星座名，九星如弓。

瑞龙吟

戊辰三月二十一日，为琴师六佚俪庆，题《园林春色》后

拈毫处，犹记绢海胶山，仿荆[1]评巨。园林春色暄妍，榜名第一，湖山来路。　　约春住，商略寿人羔雁[2]，彩红笺玉。天然世外蓬瀛，列仙绘幅，霞杯首举。　　回溯门墙曾侍，祝髯叟[3]，耆龄初度。吟醉芳菲双声，琴筑[4]齐谱，《香山集》[5]里，睍睆[6]春生句。人都说，看看桃熟，东方游戏[7]。管领花王府[8]，筹添[9]唱有，偓佺[10]伴侣。南极长生注。争鞠脃，森森琪葩琼树。介眉万岁，九天铃语。

女弟子梅花影敬祝

---

① 荆：指五代后梁大画家荆浩，擅长画山水画。

② 羔雁：小羊和雁。古代用为卿、大夫的贽礼。此指寿礼。

③ 瑞龙吟，是北宋词人周邦彦所创词牌名。据所填各词看，此调有不同格体，但均为三片。此词是一阕三叠双拽头的贺寿词，依词谱，第三叠第二句应为四字句，玩文意，“祝髯叟”前似夺一平声“恭”字。

④ 筑：古弦乐器名。有五弦、十三弦、二十一弦三种说法。其形似筝，颈细而肩圆，弦下设柱。演奏时，左手按弦的一端，右手执竹尺击弦发音。战国时已有流行。

⑤ 《香山集》：唐白居易的诗集。

⑥ 睍睆：同“间关”，形容鸟声清和圆转貌。

⑦ 东方游戏：化用《汉武故事》中西王母种桃，三千年一结子，东方朔曾三次偷食，乃被谪降人间的典故，祝长寿。

⑧ 管领花王府：为琴园“十二花神宫”的主管。以此事比喻能让春天长驻。

⑨ 筹添：添筹。亦为祝人长寿的典故。

⑩ 偓佺：神话中的两位神仙。偓指仙人偓偓，佺指仙人偓佺。

琴园自叙①

余籍隶浙之永嘉，幼时钓游，每与山水为缘。尝思举宇内丘壑之幽雅者，罗列左右，昕夕晤对以为乐，以故旧庐虽有台池亭榭游观之美，规制陋狭，景物萧疏，既不足以动幽赏者之吟咏，复不足以助风雅者之修禊，是以余怀终未惬然。嗣游览海内名胜，足迹所至，必留心讲求，如袁子才随园、俞荫甫曲园、姑苏留园、都门之万牲园以及中外各公园，非穿插密而少空气，即规模大而无结构。他如北京颐和园，其装饰虽精美，然过于华丽，犹嫌有富贵气，均非余所乐观。

余宦鄂十余载，嗟狂澜之莫挽，视富贵如浮云，早欲寄情丘壑。辛亥鼎革后，移居武昌沙湖，不闻时事，自号沙湖居士。琴父，余之别字也。徜徉乎林泉，优游乎岁月，而人莫余知。迨民国六年春，于武胜门外五里许、黄鹤楼之北、歌笛湖之西沟口地方，购地百亩，筑琴园。园之正面适对大别山，有伯牙琴台。或以余向往古人，故名琴园，不知斯园也，琴父筑之，琴父居之，乃以己字字之者。盖余之乐在乎高山流水间也。

园之东滨沙湖，南达江夏，西接长江，北近青山，四顾山川灵秀之奇，实有美不胜收之概。甫入门，林木花鸟之佳，清幽潇洒之致，悦目怡情，超然无虑。路分左右，径转曲廊，凿地为沼，叠石为山，缘溪架桥，水阁平分，更前行有大厅，额曰“乐乐”，陈设琴、瑟、钟、

① 《琴园自叙》文字同《沙湖志·琴园叙》，故此处仅施标点而不再出注。

鼓、陶坎、柷、敔之类，俱古乐器，以期好古之人而正天下之声。又有“镜花台”，奏古乐、舞八佾，为当世雅人君子所共同观感者，未始非移风易俗之一助。有诗窟，收藏诗书字画以供玩好。有不食鱼斋，虽武昌鱼之美，不烹以感佛化。有花冢，昔余之花房失慎，将遗香收俚[①]一堆，作《花冢记》，叙十二花神梦甚详，建十二花神宫，是其缘由。石曰飞鸿、曰云影、曰听诗叟，状其形也。泉曰响泉，涓涓有声也。

此外分为四时，各就时令点缀风景，或题或咏，皆有所寄托。春则天朗气清，有长堤若西泠之白堤、苏堤，名其堤曰花柳塘，一花一柳，暗暗明明，路为之迷。额其屋曰“桃源春晓”。燕语莺歌，不绝于耳。堤之东为烟雨亭，过去来桥，堤之西为鸳鸯亭，过锁烟桥，回环曲折，邈若无穷。有楼曰“听雨”，十里杏花，盈盈在耳。堂曰“春草”，余尝梦弟亮甫，情之所致，犹康乐之于惠连。池塘春草，具在目前，且堂与汉阳遥遥相对，芳草萋萋，如鹦鹉洲。有桃花溪以迎春风，有千尺潭以寄深远。向西南是桃花源里人家、留香水阁，游至此，恍如世外。此春景之恰如人意者，正足以畅叙幽情也。夏则荷花盈水，沿堤行，水中有台二，分植梧桐，如荷叶之亭亭玉立，谓之“亭亭”，左右修竹有“竹院吟风”，每当酷暑，可以纳凉。有观鱼台，知鱼之乐，可悟化机。更有“山外楼”眺望青山，相去不远，正如“倚楼无语欲销魂”，别有会心，此夏景之日长人静，犹蝴蝶之不随春去也。秋则梧叶之声，风月之佳，谁不思家？将偏屋题曰“客窗”，亦以寓“浊酒一杯家万里”之意，有月榭曰“一天秋”，其厅曰“月圆人寿”。二三知己，歌舞中庭，不亦昇[②]平乐事乎？厅之对面为“出尘阁”，讲佛经，高凌太虚，登斯阁者，目空大千世界，一尘不染。水名“雁荡”，

① 俚：应作“理”。
② 昇：应作“生”。

山名“雁山”，以吾瓯南北雁山水甲天下，仿其形胜而略当卧游。其南由凤凰桥至广寒亭，其北由霜桥至香雪亭，四围种桂花、枫叶、芙蓉。折行至西北，入平沙水榭，听沙湖上多落雁声，此秋景之疏疏密密，遂令人感慨流连于其间也。冬则岭上植梅数百本，过渡春桥，清香扑鼻，壁上留题“鼻世界”三字，读姑苏吴退衲公《咏鼻世界》句“梅花万树鼻功德，翻得华严世界来”，正为此三字写照。桥边有柏树，称之曰舅树，乃余次女发祥地也。转角之“冷香簃”“锄月馆”“卧雪轩”，皆冬日御寒处，山下有“康乐桥”“留屐山庄”，怀谢客之流风，写故乡之韵事。山之通幽处有一洞，仿佛武陵源，名曰“飞霞洞”，步步引人入胜。出洞口不数武，则将山穷水尽焉，忽见乎奇岩磊落，古树苍蒌，若有林泉之趣者，曰“长生谷”。向北过三叠桥，有“问渔亭”在焉，回望山头云影，林树参差，似云里有人家。朝夕过此，望云思亲，自题曰“白云深处”。此冬景经岁寒而不凋者，愿人人共乐此长春也。

四时之景不同，四时之乐何如？每到一处，必有一处之风景，有一处之题咏，如“碧天秋思”“雪窗新语”“渔樵问答”“鸥鹭忘机”，要皆隐逸者之辞。嗟乎！衡门栖托，泌水优游，敝屣轩冕之荣，蹑屐烟霞之境，垂纶于矶畔，高啸乎崖巅，志气轩飏，襟怀洒落，其人胥托以逃焉，嫉邪愤世，抑郁牢愁，歌咏讴吟，别具衷曲，貌为行乐，而实以洗其忧。余则非其伦矣，寄情山水，适我天倪，枕石以听泉声，迎风而寻松籁，鸣琴在天，画图入目，旷然寫远，乐以忘忧，此余之志也。

敢述颠末，以志缘起，尚希大雅宏才，鉴兹微意，宠以佳章，借补风光，遗留鸿爪，庶几蕞尔琴园得与鄂渚并寿，不仅生色一时已也。此则桐所祷祝以求者矣。

琴园花冢记

天下之物，莫不聚于所好，而好之深、聚之盛者，又往往为造物所忌。瞬息变迁，出于不测，岂盈虚消长，理固然耶？

桐好花成癖，凡遇花之有香者、有色者、有态有韵者，或征之往古，取之异国，其名足珍者，有一于此，必罗而致之，虽重价勿惜也。擅是愿以奔走四方，历年所得，无虑数千百本，聚于一所，尽四时朝夕目游而心赏之，不独可以畅吾之好，而且可供人人之好，不独能聚可好之花，而且可招好花之友，宁不盛哉！宁不盛哉！岂知道无满而不倾，物过盛而当散。庚申冬，园之花房不戒于火，十年培养，毁于崇朝[1]。万紫千红，付之一炬。明年花朝日，将所焚遗香合葬一处。溅花有泪，感不绝于予心，筑冢埋香，意谓尽于人事，庶几免堕溷飘茵之劫、飞灰成尘之苦耳。夜梦花神十二，冠帔入室，称谢曰："劫余之身，分委沟壑，得安窀穸，君之赐也。"语次，趣使者捧藤杖饰以桃花授桐，曰："宝此可延年益寿，毋弃也。"晨醒，园中桃花盛开，窃喜曰："是殆与我有夙因欤？"爰建十二花神宫于园，自号"桃花仙子"。

嗟乎！红颜一别，黄土千年，剩粉零香，谁为护惜？所愿簪海鸿儒、骚坛名宿，各抒蕴藻，吊此花魂。芳草斜阳，启风景流连之感；残碑断碣，传纪述神异之文。

---

① 崇朝：终朝。从天亮到早饭之间。

题琴园楹联

大　　门

伯牙鼓琴，子期听琴，琴台[①]原不远，得三五知己共此优游，曷让古人谈风月；

简斋随园，荫甫曲园，园圃本无他，有一二林泉可以栖止，莫从异地念湖山。

便　　门

琴书敦夙好；

园林无俗情。[②]

又

候门有稺子；

管领待春风。

桃源春晓

桃花开满人间，问前渡刘郎到未；

春色平分源里，待寻津渔父来兮。

---

① 琴园隔江遥对大别山（今龟山），山脚有古琴台。

② 此为藏头联。

听 雨 楼

十里杏花寻梦去；

一天春雨送诗来。

又

铜漏滴三更，打破池塘春草梦；

风檐高百尺，卷来深巷卖花声。

鸳 鸯 亭

莫教草满平塘，错认洲边鹦鹉；

好像花开并蒂，招来池畔鸳鸯。

又

相对恍如新结合；

成双却是旧因缘。

春 草 堂

绿满窗前，便觉一年如意；

青来帘外，遥看四座吉祥。

又

故乡艳说池塘梦；

此地恰邻鹦鹉洲。

又

看隔江蝴蝶纷飞，疑是邻家送来春色；
把此处池塘相对，怕同客梦惊起诗肠。

花　冢

修成净土埋香骨；
留得花魂结佛缘。

千 尺 潭

渊何其深，对百丈高楼，刚容倒影；
清而且冽，投一竿明月，可印底心。

留香水阁

莫贪春色三分好；
只有清香万古留。

桃花源里人家

凭栏看蝶去蜂来，痴恋花间春色；
闭户听鸡鸣犬吠，恍如世外神仙。

又

武陵春色；

刘、阮[①]家风。

烟 雨 亭

坐窥柳色迷离，暗带轻烟无墨画；
笑问桃花开未，羞含细雨有声诗。[②]

桃 花 溪

一万树花逢人笑；
九千年果为谁修。

亭 亭

燕燕莺莺，来来去去；
花花叶叶，色色空空。

乐 乐 厅

古乐今乐，乐非淫，则乐不乱；
众乐独乐，乐有道，其乐无穷。[③]

镜 花 台

镜中人世界；
花外雪精神。[④]

---

① 刘、阮：即刘晨、阮肇。
② 此为嵌字联，第十字嵌“烟雨”名。
③ 此为嵌字联。
④ 此为藏头联。

诗　窟

鸟语花香，好句静中偶得；

风清月白，吟声天外飞来。

观鱼台

放开罗网留生意；

多养池鱼悟化机。

青草池塘

山水故乡多，雁荡龙湫当让我；

池塘到处好，绿萍青草最宜人。

十二花神宫

日日时时如神在；

年年月月报花开。

出尘阁

极目水云低，十二楼台空倒影；

举头霄汉近，三千世界净无尘。

竹院吟风

五六月间无暑气；

二三更里有虫声。

鸥鹭忘机

海阔天空，忽止忽飞何闲散；

蛟腾凤起，自鸣自食不追随。

山外楼

更上一层见黄鹤；

相离数武即青山。[①]

又

客中忽遇客中客；

山外还看山外山。

客窗

对酒忆吾乡，离东海蓬莱不远；

隔窗寻客梦，问沙湖鱼雁何来。

又

问客何来，话西泠烟柳，南荡龙湫，无限故乡风味；

倚窗寄傲，看北郭青山，东城白水，别开卅里湖光。[②]

牡丹坞

春色恼人眠不得；

① 黄鹤、青山：指黄鹤楼和今青山区。

② 卅里湖光：指沙湖（今东湖）风景。此为嵌字联，第二字嵌“客窗”名。

富贵于我如浮云。[①]

广寒亭

隔水转秋波，人世无情双眼冷；

举杯邀明月，霜天在望一轮高。

话　雨

莫问闲云何处；

只谈旧雨当年。

一天秋

凉梦绕池塘，有红蓼花疏，白蘋叶老；

秋声惊岁月，恰霜钟打起，玉笛吹残。

又

叶落花疏，却疑摩诘画秋林，暮云隐约；

风清月白，仿佛东坡游赤壁，良夜如何。

碧天秋思

秋水长天一色；

清风明月无边。

---

① 此为集句联，上联出自王安石《临川集·夜直》诗："金炉香尽漏声残，翦翦轻风阵阵寒。春色恼人眠不得，月移花影上栏干。"下联典出《论语·述而》："不义而富且贵，于我如浮云。"

平沙水榭

坐对江楼听玉笛；

卧看秋雁落平沙。

月圆人寿厅

何处慰相思，千里匪遥，恰好楼台近水；

此间多乐趣，百年易过，惟期福寿齐天。

渔樵问答

桥边柳暗疑无路；

槛外云开忽见山。

又

何处是桃源，望四面烟波，迷离莫辨；

此山临大别[①]，担一肩风月，来去自如。

留屐山庄

此屋借留谢客屐[②]；

任人权作永嘉游。

不食鱼斋

我非孟尝，座上何来弹铗客；

---

① 大别：大别山。此指汉阳龟山。

② 谢客屐：南朝宋谢灵运的木屐，联中指代旅游的友人。

谁是子产，池边时见放生人。[①]

冷香簃

岁暮莫嫌风雪冷；
香清都自苦寒来。

又

玉笛吹来，寒生鹤梦；
梅花吟到，香沁诗肠。

白云深处

至今未舍思亲念；
到此应无出岫心。

锄月馆

秋去月关心，寒夜有人怜影瘦；
春来吾犹健，老怀无事弄花忙。

又

此间只月影一团，相与清风自来去；
隔岸有梅花万树，盍招黄鹤早归还。

① 上联含“食无鱼”的典故，下联有“子产放生”的故事。

菊 花 圃

不教白发催人老；

自有黄花晚节香。

沙湖记①

东南山水之胜，不可以数计，而以吾浙为最，杭州之西湖、温州之雁荡，尤吾浙山水之秀绝奇特者。故欧阳修谓钱塘兼有天下之美，盖犹知有西湖而不知有雁荡焉。诚以天下山水有得于此者，莫遗于彼，山则如庐阜、衡岳，水则如洞庭、太湖，虽各擅奇伟峭丽之观、汪洋恣肆之势，然皆有其一偏，不能如西湖、雁荡得而兼也。

余素嗜画山水。昔太史公游览名山大川，然后能文章。窃以为作画亦然，是以足迹所经，或遇一丘一壑，亦必纵览而毕登焉。清光绪庚子，宦游来鄂。一旦闲步，出武胜门外，沿东北行至沙湖，远望灵泉、九峰、月山，星罗棋布，各效其奇。其中有一衣带水，若隐若现，掩映于诸山之间者，曰沙湖，旧名歌笛湖，即楚藩种芦取膜为笛簧处，故今湖畔犹多芦。其水清而浅，周围约三十里，仿佛浙之西湖，虽无楼台亭榭，然天然之秀质，固不以榛莽而掩者。

鼎革后，余隐居湖上，自号沙湖居士，于湖之西筑琴园，莳花种竹，聊以自娱。癸亥秋，建“湖山第一”于待驾山，又建“引胜桥”以利交通，就湖中原有之胜略加补葺，计十六处，名之曰十六景。又有所谓“望书亭”“白鸥亭”“念西居士林”，皆余所添置者。沿湖满种芙蓉、垂柳，中蓄红鱼，时而泛舟，时而步月，时或共二三朋友题诗饮酒、笑谈啸傲于其间。

---

① 此文与《沙湖志·沙湖记》文字同，唯末句略异，强调沙湖“有胜于西湖、有胜于雁荡”之处。故仅施标点，而略其注。

是岁除夕，因比年经营武昌商埠计画新市区，以致经济困难，索偿者满座，而余心固犹眷眷于此湖，始终未尝稍馁也。

噫！天下事固有不可得而兼者，亦犹山水耶？余虽无其力，然今且竭吾力之所能者，搜求之、点缀之，编成一书，曰《沙湖志》，以供雅好者之披览，并可知此湖之所由自。其湖山风景，加之以梁湖方百里山水兼优，如一幅画图，别饶风味，吾必谓其有胜于西湖、有胜于雁荡，而不可以作寻常观也。

时在民国十有二年除夕，记于武昌琴园。

题沙湖十六景[1]

琴堤水月

“湖山第一”当面有长堤如横琴状，宛在湖中，月夜则水色平分，湖光照眼，听流水声，足当鸣琴，不逊于苏堤、白堤之胜。

题联：

故乡亦有湖山，都亏几段柳堤锁住烟景；

此处正多水月，更把数声芦笛吹断夕阳。

雁桥秋影

琴堤有三桥，左金锁，右玉带，其中为雁桥，时有鸿雁飞来，影落桥边，后先整整，加以两岸芦花对影横斜，深有秋意。

题联：

数行雁字齐飞，后后先先，斜对琴堤水月；

隔岸芦花荡漾，重重叠叠，正来沟口夕阳。

寒溪渔梦

宋冯京，字当世，少时纵饮不羁，醉卧溪边。有渔者泊舟困眠，梦神叱之曰：“冯侍中在此，何不避？”惊起，见草间有人熟睡，询

---

① 此处文联与《沙湖志·沙湖十六景》文字唯一二有异，故仅施标点，而略其注。

之，果为冯。具告以梦，留卧舟中，以避风露。冯贵，访之不复见。

题联：

富贵功名，都是一场春梦；

烟波钓隐，可谓千古知音。

金冢桃花

逻迦山之阳，民国初年女伶金月英葬此。性贞烈，时人称为金贞女。墓畔多桃花，游人过此，皆有人面桃花之感。

题联：

人面已成无色相；

桃花依旧笑春风。

东山残碣

洪山古有《东山赋》镌山后石上，今剥落不可读。字虽糢[1]糊，石犹文秀，琴父宝之。

题联：

古人文字千言，都被风云卷去；

今日石岩一角，还与天地同留。

九峰晨钟

狮子峰下有正觉寺，明寺僧无念所建。门阖九峰，松柏四绕。晨起，钟声清远，超出尘外境也。

题联：

---

① 糢：应作“模”。

山色晓烟收，望到峰尖，恰好五更月落；

钟声僧寺起，惊回尘梦，方知九老春长。

虎岩云啸

灵泉山北行，有黑虎岩崛出云表，如啸傲状，下数百丈成低阜，左石门，南骆驼山，西珠山，突起圆形，环抱尤胜。

题联：

出岫本无心，飞入松风，同鸣众壑；

奇峰何有势，拥来雷雨，首震中天。

卓刀饮泉

汉昭烈郊坛下，世传汉寿亭侯行军于此，卓刀得泉，详《一统志》。明昭王蒐饮之，味甘洌，为甃石，色白香清，饮之不渴，时人称为卓刀泉。

题联：

偃月岂无光，天上飞来，凿凿大声惊万卒；

通江宜有脉，地中涌出，源源不竭几千秋。

泉亭松韵

来王山前，山水清音，久为高人所欣赏。扬闻泉补筑一亭，两旁栽松，夏日可避暑，有松涛声、流泉声，风月之下，恍如琴韵。

题联：

大海茫茫，教石上清泉，莫混潮流忘本性；

深山寂寂，只松间明月，不随涛浪作虚声。

兰岭香风

灵泉东二里，黄宝岭产兰，春时兰蕙成丛，香风满野，居人称为兰岭。

题联：

檐马响丁当，蝶去蜂来，美人心事；

花番听子细，香清韵远，幽谷春情。

青山夜雨

湖之北有青山，临大江，每当夜雨朦胧，山外有山，渔灯星布，真所谓青山隐隐水迢迢，饶有烟波风味。

题联：

雨意缠绵，窥楼外风云黑瞒天地；

山光隐约，忽江边渔火暗渡烟波。

石壁龙湫

碧云山有石壁，形如笔格，山下凉马坊前方塘中水洼，传为龙湫，明洪武九年，龙起水涌，约高数丈。

题联：

谁道沙湖就无石壁；

我知雁荡亦有龙湫。

沟口夕阳

引胜桥东茶楼山上西望，沟口夕阳，殊多异彩，更听渔歌唱和，虽黄昏时候，竟有此绝妙晚景也。

题联：

钓艇归来，高唱一声，姑放斜阳西坠；

花影收去，抬头四顾，又教明月东升。

夹山咏雪

马鞍山对面，两山环抱如屏，天寒坐对冬岭孤松，回峰舞雪，令人诗兴勃然。

题联：

搁笔问天涯，冷拥双峰，马难前步；

题诗扫石上，寒深三尺，人自豪吟。

鸥岛浴波

沙湖多白鸥，性闲散，喜高洁，每随清风浮泛绿波之中，洗涤净尽，浴后皆集于岛上，展其羽翼，自呜[①]自宿，若忘机焉。

题联：

我非羽化真人，何竟有缘至此；

谁是凌波仙子，乃能自在若斯。

梁湖放棹

灵泉山下吾塘湖，通梁子，林峦隐蔚，渔歌莲唱，与鸥波螺髻相掩映，好事者常泛舟于此。

题联：

坐此舟中，对四顾流连，忘载琴书而返；

---

① 呜：应作“鸣”。

身如世外，听一声款[1]乃，自在山水之间。

① 款：应作“欸”。

游梁湖记

余生于永嘉，幼时读书学画外，辄登山临水，放怀天地间，未尝为名利羁。稍长，作海内游，凡风景之美者，足迹所至，必遍览焉。杭州之西湖、温州之雁荡，虽居天下名胜，然西湖水胜于山，雁荡山胜于水，各有一偏，非若鄂州之梁湖，山水兼优也。

梁湖乃沙湖风景之一，有梁城山①，梁武帝筑城屯兵于是。余于甲子元旦后五日，与灵泉寺僧白约山人约游梁湖，在琴园首途，由歌笛村买舟向沙湖东北行，夕阳西下，舟泊马鞍山，取道真武观，遥望灵泉天马峰，知梁湖相去不远矣。复前行八九里，渡吾塘湖，山色朦胧，绿阴迷路，对珠山攀跻而上，见灵泉古寺有光微露，而寂无人声，促白约行，追随至寺，扣门入，精神已倦，而兴致犹高。白约有新筑香山别墅，为题二联方就枕。

翌晨听钟鼓声，起谓白约曰："今日当先游灵泉也。"乃遍谒楚藩九寝及昭寝左首之樊哙、花山之陶侃诸墓，窃叹当日灵泉人才济济，胜地名流，极盛一时，今则荒烟蔓草，沧桑万变，言之可胜慨乎！

嗣登黑虎岩，即沙湖之虎岩云啸，远望梁湖，如在目前。山明水秀，画图天开，山在水中，水在山外，岂若西湖之仅以水胜、雁荡之仅以山胜乎？与白约略备蔬肴，雇一叶扁舟至牛山，因与月山对峙，里人称为"仙牛望月"。余以其秋水长天，如隔银汉，特呼之曰"牛

① 梁城山：明李贤《明一统志·武昌府》："梁城山在府城东北一十六里。梁武帝筑城屯军于此，因名。"梁武帝即萧衍（464—549），南朝梁的建立者。

郎渡”。由此而西登机丝山，山不高，多巨石，磋硪耸起，壁立玲珑，上有石台，可以张琴。余与白约理弦其间，风月无边，伊人宛在。旁晚渡至月山，石亦清奇，岩多磊落，山上有古松高数丈，恍如置身天上。至山下，有一洞，挺身直入，如游月窟。

及夜，与白约作月夜游。时方初更，舣舟梁子石，与渔为邻。渔人已饱饭，黄昏桃源入梦。余思食扁鱼，呼之醒，得数尾。白约曰：“此武昌鱼也。”烹之，味佳甚。既而明月照窗，窗外水天一色，寒气逼人，倦极而卧。闻岸上鸡声，天将拂晓。呼舟子解缆，至青山，山上牧童互唱，远近相闻。迟迟又渡至友思山，微有风起，水波忽生。同白约沿水边寻石有可插足者，拽裾而上，如登蓬莱。石称异品，又号仙踪。再攀石直上，有一洞，可观天，四面皆水，绝妙境也。旋放舟至孤山，道经南莲山、北莲山，山石如瓣瓣荷花，别饶风味。又有双塔，一在湖之东，一在湖之西，日影横斜，水光潋滟。余私叹曰：吾乡之有孤山，林逋[①]种梅。斯湖之有孤山，沈韵卖药[②]，皆世所谓隐逸人也。山之孤立，如仙女之自命不凡，何不称之曰“织女峰”，合诸“牛郎渡”，乃相得而益彰矣。顷刻间，舟至一石矶，相传汉寿亭侯磨刀于此。天晚，舟即泊于矶下。目穷数十里，烟波迷离，渔灯四照，隐隐中若天上星辰罗列左右。

晨起，沿湖入长港，过潼山、三山，见湖上有石壁环列如屏，高低穿插，愈妙愈神。一渔人指谓余曰：“此即石壁山。唐神童李宗孟[③]题诗处也。”余同白约登其巅，俯仰一空，回顾白约，曰：“观止矣。”

---

① 林逋：北宋诗人，隐居西湖孤山，植梅养鹤，终身不仕，亦未婚娶，当时人称他梅妻鹤子。

② 沈韵卖药：沈韵，字四声，淡于仕进，归隐梁湖孤山，卖药自给。详见《沙湖志·人物·隐伦》。

③ 李宗孟：据《湖广通志》，李宗孟十一岁时就被朝廷召试，时人称为神童。

山之秀，水之清，石之光明，具有全美者，惟梁湖能当之。梁湖之山水不一而足，然风景之最著者，余撮为八景，以纪其胜。

游湖三日，饱我老眼，然我犹流连而不忍去者，此我之素志也。我姑归而略事休息，擘画沙湖之建设，观成有日，余必今日棹小舟，明日着木屐，以此湖为终老之乡。

题梁湖八景

仙牛望月

梁子湖有牛山，与月山对峙，里人称为“仙牛望月”。琴父游此，正待渡间，忽悟曰：此渡离孤山织女峰不远，何妨题为“牛郎渡”？因戏谓白约山人曰：“此处有牛郎，则织女不孤矣。”

题联：

认明月夜何须喘；[①]

待到星期或许牵。

石台理弦

机丝山奇岩磊落，秀挺独佳。琴父同白约山人登石台上操缦拨弦，别有神韵，遂名其石曰“理弦台”，并题之曰“石台理弦”。白约补题一石曰“山水知音”。嗣扬闻泉偕丘镜川[②]游此，亦题两石，闻泉题“龙吟”，镜川题“落雁”。风流韵事，一时盛称。

题联：

虎啸龙吟，不无别调；

高山流水，饶有余音。

---

① 认明月夜何须喘：用“吴牛喘月”典。吴地之牛畏热，见月疑日而气喘。

② 扬闻泉：扬铎。扬与丘镜川皆热衷沙湖风景建设，其事详见《沙湖志》。

蟾窟藏娥

月山之下有一洞，琴父因山名“月山”，遂题其洞曰“蟾窟”，并题洞外之石形同玉女者曰“嫦娥石”。相传明神童邹智过此，见一女子携琴入洞，追之不见。琴父题其景曰“蟾窟藏娥”。中秋夜，高人雅士皆以此作月宫游。

题联：

恍如源里桃花，暗藏春色；

仿佛人间女子，不出闺门。

矶头渔火

磨刀矶，相传汉寿亭侯磨刀于此。对东、西双塔，如雷峰、保俶，秀雅异常。烟水茫茫，渔灯星布，琴父题曰“矶头渔火”。黑暗中得见点点余光，诚渔家之乐事也。

题联：

抬起头来看，点点烟波，乍离乍合；

放开眼界问，茫茫宇宙，何暗何明。

孤灯夜织

湖之孤山，如美女孤立。琴父题曰“织女峰”，又题其石曰“佳期石”，与牛山如隔银汉。秋时虫鸣促织，耳不绝声，琴父题曰“孤灯夜织”，以其寂寞孤山，夜深人静，听此虫声，能不生感？

题联：

寂寞空山，邀谁对影；

凄凉今夕，有虫鸣秋。

石壁赋诗

石壁山环列如屏。唐时神童李宗孟过此，登临赋诗，至今传为韵事。琴父即以其地题曰“石壁赋诗”，追慕前人之风雅，留为后世之游观。

题联：

昔日登临，正红叶飞来，绿苔扫去；

今朝坐咏，有清风满袖，明月当头。

洞天秋水

友思山，石皆古雅清奇，尤多神妙。山上有小洞，可观天。琴父留连久之，谓白约曰：“此仙岛也。”遂题“蓬莱岛”三字，又题其洞曰“一洞天”。四面皆水，故称曰“洞天秋水”。白约于洞口石上题“补天”二字。山色湖光，一尘不染。

题联：

春色满蓬莱，天上朱霞，云中白鹤；

湖光如银汉，牛郎待渡，织女弄机。

青山樵唱

梁子石对面有青山，林木清秀，绿水环抱，山中樵唱，远近相闻，更有横卧牛背者，如得世外之乐。琴父题“青山樵唱”于石上，以其天真烂熳，放怀天地间，若不知所自禁也。

题联：

短笛长腔，谁家楼外；

歌风弄月，只此山中。

题名胜杂联

天地一沙鸥沙湖

尽把烟云收眼底；
别开天地非人间。

黄鹤楼武昌

隔江春色几回收，望到洲边空遗芳草；
此处笛声谁再续，听斯楼上又落梅花。

伯牙台汉阳

我亦有知音，来明月、去清风，长倚园林思旧友；
今非无古调，仰高山、俯流水，空瞻台榭溯幽人。

飞霞洞永嘉

我从江汉归来，经几度风波，才登彼岸；
楼自神仙去后，对一堤花柳，依旧飞霞。

宛在楼沙湖

坐观秋水长天，浩浩洋洋，多少飞鸿空际落；
遥听江城玉笛，飘飘渺渺，有无仙鹤望中回。